Pédagogie pastorale
n° 5

**Sophie Tremblay**

# Le dialogue pastoral

## Outils de réflexion et de mise en œuvre



NOVALIS *lumen vitae*

# Introduction

Préparer un baptême d'enfant avec un groupe de parents, animer une session de préparation au mariage, rencontrer les parents d'enfants d'âge scolaire en vue d'un parcours catéchétique... Ces pratiques mobilisent aujourd'hui un nombre considérable de personnes qui détiennent une responsabilité en Église : prêtres, pasteurs, agents et agentes de pastorale laïques, diacres permanents, bénévoles. Il nous est difficile d'imaginer qu'il y a cinquante ans, on en était aux premiers balbutiements de cette pratique. Pourtant, en régime de chrétienté, l'appartenance à l'Église était un phénomène de masse et la célébration des rites religieux se confondait tout simplement avec les temps sociaux. On se préoccupait peu des motivations des demandes de rites. Par exemple, on ne ressentait que rarement le besoin de prendre le temps de dialoguer avec les parents d'un nouveau-né porté au baptême ou avec des fiancés préparant leur mariage.

Avec la sécularisation et les changements culturels des années soixante, ces repères collectifs se sont effrités. Au cours des dernières décennies, les demandes de sacrements et de rituels religieux ont diminué un peu partout en Occident, en dépit de leur persistance notoire. On leur accordait autrefois une signification collective connue de la majorité, à qui on l'avait inculquée par la mémorisation de formules prescrites. Aujourd'hui, il s'avère impossible de tenir pour acquis le sens qu'accordent aux rites les personnes de tous horizons qui les demandent. L'interprétation des demandes de rites est même devenue l'enjeu de débats parfois houleux dans les Églises. En chacune, on peut trouver quelques fragments d'hier recollés au sein des recompositions les plus variées. Mais comment composer avec un tel éclatement en pastorale?

Aujourd'hui, le dialogue pastoral à l'occasion des demandes de rites religieux ou sacramentels fait partie intégrante du quotidien des responsables pastoraux, quels qu'ils soient. Pourtant, ce thème brille par son absence quasi complète des rayons de théologie pratique dans les librairies et les bibliothèques. Il faut avouer qu'il s'agit d'une pratique difficile à saisir parce qu'elle ne cesse d'évoluer en relation avec le contexte social et ecclésial. Un ouvrage comme celui-ci ne peut donc prétendre traiter du dialogue pastoral de manière générale ou définitive. Son ambition demeure beaucoup plus modeste : rendre compte des principaux repères théoriques et pratiques susceptibles d'aider les praticiens actuels du dialogue pastoral à mieux situer leurs interventions et à identifier des moyens pour les améliorer constamment. Bref, accompagner la pratique dans sa progression et tenter d'y apporter de nouveaux éclairages, plutôt que de formuler une liste de prescriptions ou de solutions prêtes à appliquer.

D'une part, les outils de réflexion et de mise en œuvre proposés ici se fondent sur la recherche approfondie réalisée pour ma thèse de doctorat en théologie pratique sur la pastorale du baptême des petits enfants au Québec[1]. Après la publication de ma thèse, j'ai ressenti le besoin d'approfondir l'articulation entre les résultats de ma recherche et la sagesse pratique accumulée lors de mes propres expériences de dialogue pastoral (entre autres au catéchuménat). J'ai beaucoup travaillé à la clarification de mes grandes intuitions, pour les relier explicitement aux découvertes survenues au cours de ma recherche doctorale. En outre, plusieurs diocèses québécois m'ont demandé d'animer des journées de formation pour transmettre à leur personnel pastoral mes grilles d'analyse et mes instruments pratiques. Pour répondre à leurs demandes, il m'a fallu traduire en langage accessible et pragmatique ce que j'avais pensé avec un vocabulaire plus académique. Depuis plusieurs années, je poursuis un échange régulier avec les praticiens du dialogue pastoral. On comprendra donc que les responsables pastoraux sont les premiers destinataires de ce livre, puisque leurs questions n'ont cessé d'alimenter ma réflexion. Mais je me soucie également de demeurer attentive à ce que j'ai vécu moi-même au moment de demander des sacrements à l'Église. J'appartiens à la génération des jeunes parents dont les enfants vivent la catéchèse et les sacrements d'initiation : je saisis certaines de leurs préoccupations de l'intérieur.

Je tire de mon expérience pastorale la conviction que le dialogue pastoral tient plus de l'art que de la technique. La recherche intellectuelle et rationnelle permet de prendre du recul par rapport à l'action et fournit des clefs de compréhension indispensables. Toutefois, l'utilisation judicieuse de ces clefs demeure une opération délicate et inédite dans chaque situation réelle d'intervention. Les repères que je propose constituent autant d'hypothèses heuristiques. Ils servent à stimuler

1 *La pastorale du baptême au Québec. Un modèle remis en question*, Ottawa, Novalis, 2000, 249 p.

l'exploration, à guider la découverte. Ils ne composent ni mode d'emploi, ni manuel technique, ni mécanisme à reproduire. Néanmoins, j'ai conçu cet ouvrage comme un guide de formation. À la fin de chaque chapitre se trouve un éventail de questions en encadré. On peut les utiliser individuellement, pour accomplir seul un parcours de formation. Elles conviennent tout autant au travail en groupe. Ces questions visent, dans un premier temps, la relecture des expériences déjà vécues de dialogue pastoral et, dans un deuxième temps, le perfectionnement de sa pratique.

Le parcours de réflexion que je vous propose se divise en cinq étapes. Dans un premier temps, il est indispensable de clarifier la définition du dialogue pastoral. Que signifie cette expression? Quelles sont les visées du dialogue pastoral? Comment différencier cette pratique d'autres types d'intervention comme la discussion, le partage ou la relation d'aide? Le deuxième chapitre est consacré aux caractéristiques des positions occupées par les interlocuteurs d'un dialogue pastoral : les responsables pastoraux et les demandeurs. L'analyse de ces caractéristiques permet de cerner plus clairement la situation de communication propre au dialogue pastoral. Le troisième chapitre explore les trois mouvements ou étapes logiques du déroulement d'un dialogue pastoral : accueillir les personnes, opérer un discernement, favoriser une progression. Nous préciserons la cible de chacun de ces mouvements et nous identifierons des pièges qui peuvent s'y présenter. Dans le quatrième chapitre, on s'intéresse au statut du langage dans le dialogue pastoral, puisque celui-ci en constitue une véritable matière première. On se familiarisera avec deux grilles d'observation du langage : la grille de la « grammaire de Dieu » et celle des ponts possibles entre langage séculier et langage religieux chrétien. Enfin, le cinquième et dernier chapitre contient plusieurs outils pratiques susceptibles d'aider les responsables pastoraux à se donner une véritable formation permanente au dialogue pastoral à même les défis rencontrés sur le terrain.

*Chapitre 1*

# Qu'est-ce que le dialogue pastoral?

L'expression *dialogue pastoral* et son synonyme *entretien pastoral* possèdent deux acceptions courantes en théologie pratique. D'une part, les Églises protestantes francophones (par exemple l'Église réformée en Suisse) les utilisent pour désigner la cure d'âme, l'accompagnement spirituel, le counseling pastoral. Pendant les années mille neuf cent soixante et soixante-dix, plusieurs auteurs catholiques tels Raymond Hostie ou André Godin ont fait de même[1]. D'autre part, ces deux expressions désignent la conversation pastorale menée lors de la préparation d'un sacrement ou d'un acte pastoral. Cette deuxième acception, que nous retiendrons, provient de la pastorale liturgique catholique, où on l'utilise depuis les années soixante. On la retrouve entre autres sous la plume de Louis-Marie Chauvet[2].

Ainsi, le dialogue pastoral peut se définir comme une situation de communication qui se produit lorsque des personnes, baptisées ou non, rencontrent des responsables pastoraux dans le contexte de la demande d'un sacrement ou d'un rite religieux à l'Église. Cette situation de communication spécifique se déroule parfois entre deux ou trois individus seulement, sous la forme d'un entretien privé. Mais elle survient également lors de rencontres de groupe. On pratique couramment le dialogue pastoral dans plusieurs champs de la pastorale : la pastorale du baptême des petits enfants et des enfants d'âge scolaire, la pastorale auprès des fiancés se préparant au mariage, la pastorale auprès des familles endeuillées en préparation des funérailles, le caté-

---

1 Voici quelques ouvrages représentatifs de ce courant : Jean ANSALDI, *Le dialogue pastoral*, Genève, Labor et Fides, 1986, 169 p.; H. FABER et E. VAN DER SCHOOT, *La pratique du dialogue pastoral*, Paris, Centurion, 1973, 237 p.; André GODIN, *La relation humaine dans le dialogue pastoral*, Paris, Desclée de Brouwer, 1963, 196 p.; Raymond HOSTIE, *L'entretien pastoral*, Paris, Desclée de Brouwer, 1963, 257 p.

2 Louis-Marie CHAUVET, *Les sacrements. Parole de Dieu au risque du corps*, Paris, Éditions Ouvrières (coll. « Vivre, croire, célébrer »), 1993, p. 200. Chauvet préfère pour sa part l'expression *entretien pastoral*.

chuménat des adolescents et des adultes, la rencontre des parents pour la catéchèse de leur enfant, pour la première communion et la confirmation, la pastorale des recommençants.

Nous parlons ici d'un type d'intervention bien caractérisé, dont il importe de camper nettement la spécificité. Pour y parvenir, nous tenterons de répondre à trois questions de clarification. Que vise le dialogue pastoral? Quelles en sont les origines dans la tradition de l'Église? Comment différencie-t-on le dialogue pastoral d'autres situations de communication comparables comme le dialogue dit missionnaire, la relation d'aide, la vente, le partage et la discussion?

## *Que vise le dialogue pastoral?*

Du point de vue des responsables pastoraux qui agissent au nom de leur Église locale, on peut assigner à la pratique du dialogue pastoral deux visées différentes et complémentaires. La première visée est d'ordre relationnel. Il s'agit de tout mettre en œuvre pour établir un contact personnalisé, signifiant et fraternel avec les personnes qui portent une demande à leur Église. Il faut comprendre qu'offrir un accueil de haute qualité humaine et spirituelle constitue en soi un objectif. La plupart du temps, les demandeurs ne fréquentent que rarement la paroisse à laquelle ils s'adressent. L'entrée en contact au moment d'une demande de rite revêt alors une grande importance. Elle aura des conséquences majeures pour la suite de la démarche ainsi que pour les relations ultérieures des demandeurs avec leur communauté chrétienne locale.

La deuxième visée du dialogue pastoral est évangélisatrice. Comme l'écrivait le pape Paul VI, « évangéliser, pour l'Église, c'est porter la Bonne Nouvelle dans tous les milieux de l'humanité et, par son impact, transformer du dedans, rendre neuve l'humanité elle-même[3] ». La visée évangélisatrice répond à la situation de la majorité des demandeurs, qui se tiennent à distance de la paroisse et manifestent de la difficulté à exprimer la teneur de leurs croyances. Les responsables pastoraux désirent que les demandeurs puissent faire un bout de chemin dans la clarification de leurs croyances, leurs valeurs et leurs appartenances. Ils souhaitent que cette clarification ouvre la voie à un engagement plus conscient et authentique dans la démarche entreprise ou, faute de conviction, à son abandon pur et simple. Ultimement, ils espèrent que cet engagement ponctuel puisse favoriser une découverte

3 PAUL VI, *L'évangélisation dans le monde moderne*, Montréal, Éditions Paulines, 1988 (©1975), n° 18, p. 18.

personnelle de la foi au Christ, une saisie du sens spirituel du rite ou du sacrement demandé et une meilleure implication des demandeurs dans leur communauté locale.

L'articulation de la visée relationnelle et de la visée évangélisatrice donne au dialogue pastoral sa couleur propre. Chacune des deux visées s'avère absolument indispensable. Elles doivent même se renforcer mutuellement. Ainsi, par exemple, la qualité humaine et spirituelle de l'accueil offert aux demandeurs contribue à témoigner de l'Église comme communauté vivante et terreau relationnel fraternel, plutôt que comme organisation hiérarchisée, froide et impersonnelle. Un tel témoignage pourrait aider les demandeurs à percevoir l'Église de manière plus positive et même à souhaiter s'en rapprocher. Ceci démontre que la visée relationnelle est au service de la visée évangélisatrice et vice versa.

Malheureusement, la tentation de subordonner l'une des visées à l'autre ou d'éliminer l'une des deux demeure omniprésente dans le monde pastoral depuis les années soixante, ce qui se traduit par une guerre de tranchées entre radicalisme et laxisme. En effet, certains responsables pastoraux prêchent pour un accueil inconditionnel. « Il suffit d'ouvrir nos portes toutes grandes, se disent-ils, et d'accepter les demandeurs comme ils sont. N'est-ce pas ce qu'aurait fait Jésus? » Mais où passe la frontière entre la générosité de l'accueil évangélique et la complaisance apeurée?

Au contraire, d'autres se désolent de l'inconsistance de la foi des demandeurs et perçoivent plus ou moins ces derniers comme des « parasites[4] ». Au nom d'un souci missionnaire porté dans l'anxiété, au nom du respect du sacrement, ils veulent confronter les demandeurs pour les obliger à changer au plus vite dans le sens souhaité ou à s'abstenir. Mais peut-on sacrifier sans dégâts la qualité de l'accueil au nom du désir d'évangéliser? D'ailleurs, le désir d'évangéliser camoufle parfois des pulsions moins généreuses comme le ressentiment à l'égard des demandeurs ou la volonté de les contrôler. Ainsi, ceux et celles qui ne s'attachent qu'à la visée d'accueillir chaleureusement les demandeurs se voient qualifiés de laxistes par les tenants de la seule visée évangélisatrice, qui se voient à leur tour traités de durs et de radicaux.

Après plusieurs décennies de débat relevé, nous pouvons constater que cette guerre de tranchées n'a pas contribué à améliorer significativement la pratique du dialogue pastoral. Pour sortir de l'impasse, il faut commencer par accorder aux deux visées une importance égale,

---

4 Comité de recherche de l'AEQ sur les communautés chrétiennes locales, *Risquer l'avenir*, Montréal, Fides, 1992, p. 59.

prendre conscience de leur essentielle solidarité et identifier ce qui nous pousse intérieurement à rejeter l'une d'entre elles. La conjugaison des deux visées est en quelque sorte une intuition fondatrice de la pratique du dialogue pastoral, dont l'inspiration remonte aux pratiques mêmes de Jésus dans le Nouveau Testament.

## *Quelles sont les origines du dialogue pastoral dans la tradition de l'Église?*

### *Le dialogue pastoral prend son inspiration dans la pratique de Jésus et des apôtres*

Le terme *dialogue* n'apparaît pas explicitement dans le Nouveau Testament. On ne saurait trouver un correspondant exact du dialogue pastoral actuel dans la vie de Jésus et des toutes premières communautés chrétiennes, qui ont évolué dans un contexte bien différent du nôtre. Toutefois, le Nouveau Testament contient plusieurs récits de rencontres où se vit à la fois un accueil et une interpellation. Ces récits ne peuvent nous dicter de marche à suivre pour aujourd'hui, mais ils demeurent une source d'inspiration fondamentale.

Lorsque Jésus rencontre le jeune homme riche (Mt 19, 16-30), le scribe soucieux des commandements de Dieu (Mc 12, 28-34), Matthieu (Mt 9, 9-13), Zachée (Lc 19, 1-10) ou Nicodème (Jn 3, 1-21), il s'intéresse aux préoccupations les plus vitales de ces personnes. Ses paroles reflètent le poids qu'il accorde à leurs questions existentielles et à leurs drames intérieurs. Jésus se rend disponible à leur quête de sens et d'appartenance, aux désirs profonds qu'ils expriment. Il les accueille sans porter de jugement négatif sur leur vie et ne leur pose aucune condition. En outre, Jésus renvoie ces personnes à elles-mêmes, à leur relation à Dieu et aux autres. Sans rien forcer, son attitude questionne les personnes et les interpelle en profondeur. Une véritable transformation intérieure se produit, qui se traduit en gestes et en décisions concrètes. Zachée redistribue ses biens, Matthieu se joint au groupe des disciples, le scribe découvre qu'il est plus proche du Royaume qu'il ne le croyait. Quant à Nicodème, il prendra plus tard la défense de Jésus et participera à son ensevelissement. Le jeune homme riche, pour sa part, choisira de ne pas suivre Jésus mais celui-ci ne cherchera en aucune façon à lui forcer la main. La transformation intérieure est un fruit de la rencontre vécue dans la liberté. Jésus ne l'exige pas et fait preuve d'une extraordinaire gratuité à l'égard des personnes qu'il croise.

Dans les Actes des Apôtres, on constate que les disciples ont voulu prolonger les pratiques de leur maître, comme en témoignent la rencontre de Philippe avec l'eunuque éthiopien (Ac 8, 26-40) et celle de Pierre avec le centurion Corneille (Ac 10, 17-48). Les disciples se mettent en premier lieu à l'écoute des interrogations de leurs interlocuteurs. Ils reconnaissent l'action de l'Esprit qui les a précédés. Comme Jésus, ils se déplacent pour se faire présents là où ces personnes vivent leur quête de Dieu. Chacune de ces rencontres aboutit à une transformation intérieure manifestée par la confession de la foi puis par les rites du baptême et du don de l'Esprit. La conversation devient le lieu d'un accueil véritable de l'autre et ensuite d'une proclamation, d'un témoignage de la part des envoyés qui s'engagent totalement dans l'annonce de la Bonne Nouvelle. Dans la rencontre de Pierre et de Corneille, notons que l'apôtre en sort lui-même transformé parce que l'expérience du Romain et de sa maisonnée a bousculé ses repères et l'a mis en demeure de reconnaître l'Esprit du Christ agissant là où il ne s'y attendait pas.

### *Le dialogue faisait partie de la démarche catéchuménale dans l'Antiquité*

Depuis le premier siècle, on peut imaginer que les aspirants à la vie chrétienne avaient l'occasion de converser avec des baptisés avant de se joindre à la communauté des croyants et croyantes. Ces dialogues privés nous demeurent à jamais inaccessibles. On peut imaginer et souhaiter qu'on y retrouvait à la fois l'accueil de l'autre et une forme ou l'autre d'interpellation, comme dans le Nouveau Testament. Nous savons cependant que la démarche catéchuménale incluait des pratiques comparables à ce que nous appelons aujourd'hui dialogue pastoral. Nous trouvons là une situation de communication analogue, où se rencontrent des personnes demandant un rite à l'Église et des responsables pastoraux.

Ainsi, *La Tradition apostolique* d'Hippolyte de Rome, un écrit du IIIe siècle, dépeint l'examen des candidats au catéchuménat, qui consistait en une conversation des « docteurs » avec les candidats et ceux qui témoignaient en leur faveur[5]. Ces derniers avaient accueilli les candidats dans leur recherche spirituelle et les avaient accompagnés dans le cheminement précédant leur demande. L'examen constituait l'aboutissement de ce processus. On y discutait entre autres de la profession et de l'état de vie du candidat. Les modalités de l'accueil

---

5 Voir HIPPOLYTE DE ROME, *La Tradition apostolique,* Bernard Botte éd., Paris, Les Éditions du Cerf (coll. « Sources chrétiennes », 11 *bis*), 1984 (2e éd.), p. 69.

des futurs catéchumènes étaient alors fixées par ceux qui devaient les enseigner jusqu'à la célébration des sacrements d'initiation. L'examen comportait deux dimensions : discernement et interpellation. Il s'agissait de faire un retour sur le chemin parcouru pour identifier les étapes à venir.

Un siècle plus tard, dans son célèbre ouvrage sur la catéchèse, Augustin traite de son approche pastorale avec les *rudes*, les débutants qui ignorent tout de la foi et de la tradition chrétienne[6]. Ces débutants n'étaient même pas encore catéchumènes. Le traité d'Augustin s'inspire directement de son expérience pastorale comme évêque. Dans le cadre d'un entretien individuel ou en groupe restreint, Augustin écoutait les *rudes* et sondait les motifs de leur demande. Puis il s'en inspirait explicitement par la suite dans sa catéchèse d'éveil à la foi. Fin psychologue, il développait tout un art pastoral où les bonnes attitudes et les mots justes étaient mis au service de la foi. Il était sensible aux situations délicates qui se multipliaient depuis que la reconnaissance officielle du christianisme dans l'empire entraînait un afflux de candidats aux motivations complexes et parfois douteuses. Ce contexte ne rappelle-t-il pas le nôtre par plusieurs traits?

Augustin prenait en considération la motivation de départ du candidat. Il consentait à accompagner les *rudes* à partir de leur situation réelle sans la désapprouver. Il évitait soigneusement toute forme de confrontation qui aurait mis les débutants sur la défensive. Mais il ne se privait pas de les interpeller au terme de sa catéchèse, afin de les inciter à s'engager à la suite du Christ en dépit des limites bien visibles des croyants en chair et en os.

On a pratiqué l'examen des candidats au catéchuménat et l'accueil des *rudes* dans l'Église de l'Antiquité aussi longtemps que l'on a baptisé surtout des adultes. Autrement dit, tant que l'appartenance au christianisme demeurait un choix et non un fait de naissance, on a senti la nécessité de prendre le temps d'accueillir et d'écouter les personnes qui voulaient se joindre à l'Église, de les accompagner dans la clarification de leurs motivations et la détermination des étapes de leur cheminement. Il nous serait impossible d'imiter ces pratiques antiques sans transposition dans notre contexte, mais elles n'en demeurent pas moins signifiantes pour la pratique actuelle du dialogue pastoral.

---

6 Voir AUGUSTIN, *La première catéchèse : De catechizandis rudibus*, Goulven Madec éd., Paris, Éditions augustiniennes (coll. « Bibliothèque augustinienne », 11), 1991, 311 p.

## *En régime de chrétienté, on n'éprouve plus le besoin de dialoguer*

Avec l'établissement d'un régime de chrétienté dans l'empire romain d'Orient et d'Occident, puis la christianisation de peuples entiers, la généralisation du baptême des nourrissons a entraîné la disparition de l'institution du catéchuménat et des pratiques dialogales associées. Au Moyen Âge, être chrétien constituait un phénomène de masse auquel n'échappaient que les hérétiques, ennemis de l'intérieur, les juifs, cantonnés dans une situation de marginalité sociale, et les musulmans, étrangers de l'extérieur avec qui l'on faisait la guerre. Sauf exception, on utilisait plus volontiers la force que le dialogue avec ces groupes perçus comme menaçants. Pendant plus d'un millénaire, on ne trouve rien qui ressemble de près ou de loin au dialogue pastoral actuel dans les pratiques de l'Église.

Au Moyen Âge, tous étaient baptisés, mais il serait illusoire de s'imaginer une société monolithique dans son appartenance au Christ et à l'Église. On trouvait des degrés divers de ferveur religieuse, d'éducation de la foi et de participation à la liturgie. Certains individus pouvaient être qualifiés de mauvais chrétiens, en raison de leurs mœurs ou de leurs superstitions lourdement entachées de paganisme. Ils n'en faisaient pas moins partie de cet immense corps social et ecclésial qui les considérait comme des pécheurs susceptibles de connaître un jour un sursaut de piété.

Toutefois, à partir du XVIe siècle, les réformes protestante et catholique donnèrent lieu à une colossale entreprise d'éducation religieuse et morale par le biais du catéchisme, de l'alphabétisation et de la prédication. Il s'agissait d'évangéliser des populations dont on jugeait que la christianisation était demeurée bien superficielle jusque-là. Dans une logique de chrétienté, on les exhortait à devenir de meilleurs chrétiens et on leur en enseignait les moyens. Seuls les missionnaires envoyés dans les terres étrangères de l'Asie, de l'Afrique et de l'Amérique étaient mis en situation de redécouvrir le dialogue. Toutefois, si certains missionnaires ont eu la patience d'écouter et d'accueillir avec ouverture d'esprit les peuples étrangers qu'ils visitaient, deux obstacles empêchaient un véritable retour aux intuitions de l'Antiquité : l'ethnocentrisme des Européens et l'usage de la force et de la violence pour conquérir les territoires convoités.

Nous pouvons considérer que le régime de chrétienté est responsable de la longue éclipse du dialogue dans l'histoire de la pastorale et de l'évangélisation.

### *Le dialogue pastoral s'avère indispensable en post-chrétienté*

Il faut attendre le milieu du XXe siècle pour voir apparaître le dialogue pastoral tel que nous le connaissons. À cette époque s'est effectuée graduellement une importante prise de conscience dans les Églises catholique et protestantes occidentales : beaucoup de baptisés semblent ne l'être que de nom. Les pays de vieille chrétienté ne sont-ils pas redevenus pays de mission? Cette prise de conscience a entraîné d'importantes remises en question et des changements d'approches considérables dans la pastorale des sacrements et des rites religieux. Dans les années cinquante et soixante, plusieurs prêtres exprimaient le malaise qu'ils ressentaient au moment de donner le baptême aux bébés ou de présider les célébrations de communion solennelle. L'écart entre les convictions personnelles et les rites célébrés leur devenait proprement intolérable. Pour réagir à la situation, on a mis sur pied des pastorales de préparation aux sacrements où le dialogue pastoral était à l'ordre du jour.

L'émergence du dialogue pastoral s'est donc produite au moment historique où les Églises ont commencé à perdre leur statut de chrétienté ou à réaliser vraiment l'étendue et l'irréversibilité de ce changement. Le contexte de post-chrétienté qui s'installe depuis plusieurs décennies se caractérise par l'affaiblissement des structures de l'institution ecclésiale : diminution de la pratique religieuse et vieillissement des pratiquants, faible proportion de croyants engagés chez les jeunes générations, décroissance du nombre de ministres du culte, appauvrissement en ressources matérielles. Toutefois, on constate également la prégnance de l'héritage historique de chrétienté. Les rites religieux chrétiens conservent en grande partie le statut de référence sociale généralisée. Les effets des pastorales d'autrefois se font encore sentir, même après le passage de quelques générations. Par exemple, de nombreux parents qui demandent le baptême pour leur bébé font encore référence à la notion de péché originel lorsqu'on les interroge au sujet de la signification de ce sacrement. En outre, la plupart des gens manifestent une impression de déjà-vu à l'égard du christianisme, même quand leur culture religieuse s'avère des plus minces.

La situation du plus grand nombre des baptisés incarne à merveille le paradoxe de la post-chrétienté : les hommes et les femmes qui se disent « croyants non pratiquants » conservent un attachement distant à leurs racines chrétiennes. Ils rejettent la pratique dominicale, qu'ils perçoivent comme « le lieu décisif de la pratique chrétienne[7] ». Certains l'abandonnent au sortir de l'enfance tandis que d'autres, encore plus nombreux actuellement, n'en ont jamais fait l'expérience. Ils pourraient abandonner complètement leurs racines religieuses mais préfèrent continuer de s'y référer, bien qu'ils le fassent à leurs propres conditions, parfois de manière purement nominale, et pratiquent souvent le métissage des traditions religieuses et spirituelles. Ils expriment de la répugnance à l'égard de l'Église dans laquelle on les a baptisés, mais consentent malgré tout à s'y adresser aux moments importants de leur vie. Ces baptisés constituent justement les premiers destinataires du dialogue pastoral : c'est à cause de leur existence et de leur nombre qu'on a voulu cesser de distribuer les sacrements de façon quasi automatique.

Au Québec, l'entrée en scène du dialogue pastoral s'est produite en plein cœur d'une période de changements sociaux rapides, celle de la Révolution tranquille. Pendant les années soixante et soixante-dix, la sécularisation de la société a favorisé l'effondrement d'un consensus social qui semblait supporter une foi généralisée. Dans les autres pays occidentaux, ces deux décennies ont également été le théâtre de changements culturels et sociaux d'envergure qu'il serait trop long d'énumérer ici. Ces faits de l'histoire récente sont bien connus.

À la même époque, l'ensemble de l'Église catholique entrait en transformation sous l'impulsion du concile Vatican II. Les changements de rituels comptaient parmi les résultats les plus visibles du Concile. Rappelons-nous qu'en l'espace d'une décennie, on a modifié de fond en comble les rituels de la célébration eucharistique, du baptême, de la confirmation, du mariage, des funérailles, de l'onction des malades (autrefois appelée extrême-onction). Ces nouveaux rituels pouvaient désormais être traduits dans la langue vivante de chaque Église locale. Cependant, il ne s'agissait pas seulement de changements cosmétiques ou d'aménagements mineurs. Les nouveaux rituels correspondaient à une vision renouvelée de la liturgie, dont voici quelques caractéristiques majeures : importance accrue de la parole de Dieu, valorisation de la participation de l'assemblée, recherche d'authenticité dans l'expression de la foi, volonté d'adaptation aux cultures. Les rituels promulgués dans la foulée du Concile opéraient des déplacements considérables dans la compréhension et la pratique de la liturgie.

Depuis le concile Vatican II, le monde de la pastorale au Québec vit constamment au rythme du changement. La stabilité des pratiques

---

7 Félix MOSER, *Les croyants non pratiquants*, Genève, Labor et Fides, 1999 (2e éd.), p. 129.

pastorales d'autrefois a cédé la place à un bouillonnement de nouvelles initiatives où même les pratiquants y perdent quelquefois leur latin. Pour trouver de nouvelles manières de s'approprier la tradition chrétienne et de faire Église sans la sécurité de la chrétienté, nos Églises sont tenues d'explorer, d'oser, d'imaginer, au risque de se tromper. C'est une question de survie, de pertinence et de fidélité à l'Évangile. Mais réalise-t-on l'ampleur inégalée de ce brouillage subit et fréquent des repères?

Depuis les années soixante, la nécessité d'établir un véritable dialogue pastoral avec les personnes qui demandent des rites à l'Église ressort particulièrement dans les périodes plus intenses de transition et de changement, parce qu'on assigne à ceux-ci un but pédagogique. On souhaite les transformer en occasions privilégiées d'évangélisation, d'éducation de la foi, de transformation des mentalités. Les manières de croire appropriées en contexte de chrétienté tiennent mal la route une fois que celle-ci a commencé à se désagréger. L'intention est de donner aux demandeurs de rites une occasion de s'ajuster aux changements, d'en comprendre le sens et la portée, et de penser à nouveaux frais leur rapport (ou leur non-rapport) au Christ et à l'Église.

Toutefois, ces intentions demeurent trop souvent des vœux pieux. La pratique du dialogue pastoral est loin d'être répandue partout et on y investit parfois bien peu d'énergie. Quand on hésite à y consacrer le soin nécessaire et à ouvrir un véritable espace de parole et de conversation, les changements que l'on veut implanter risquent d'être perçus et reçus par les demandeurs comme une violence symbolique. On s'attaque à leurs représentations de base sans la délicatesse ni le respect requis. Ceci peut augmenter sensiblement chez eux le sentiment de perte, les résistances, les malentendus. Sans dialogue, les changements semblent imposés de but en blanc et ne produiront que rarement les effets positifs escomptés chez les demandeurs qui se disent croyants non pratiquants.

En contexte de post-chrétienté, le dialogue pastoral constitue une exigence permanente de pertinence plutôt qu'une urgence de l'heure. Ne s'agirait-il pas d'une habileté de base à inclure dans le curriculum de toute formation initiale à l'action pastorale, au même titre que les habiletés en animation de groupe ou en relation d'aide? On assimile facilement le dialogue pastoral à d'autres types d'interventions qui lui ressemblent. Nul doute qu'il soit nécessaire d'établir des comparaisons entre différents types d'intervention pour mieux identifier les caractéristiques spécifiques de la situation de communication propre au dialogue pastoral[8].

### *Comment différencie-t-on le dialogue pastoral d'autres situations de communication comparables?*

Plusieurs situations de communication présentent des ressemblances avec le dialogue pastoral : la relation d'aide (thérapie psychologique, counseling pastoral ou accompagnement spirituel), le partage, la discussion, la vente et le dialogue qu'on pourrait qualifier de missionnaire. Pour établir la comparaison, il nous faut observer toutes ces pratiques à partir des mêmes paramètres (voir le tableau synthèse à la page 20). Voici donc les questions qui serviront de base à la comparaison :

- Y a-t-il une demande à l'origine de la situation de communication?
- Si oui, quel en est l'objet?
- Les relations entre les interlocuteurs sont-elles symétriques ou asymétriques?
- Quels seraient les objectifs du premier interlocuteur par rapport au deuxième, et vice versa?

8 Pour plus de détails sur l'histoire du dialogue pastoral, on peut consulter le deuxième chapitre de mon livre *La pastorale du baptême au Québec*, p. 43-65.

## Tableau synthèse des comparaisons

| | Y a-t-il une demande? | Objet de la demande | Symétrie des interlocuteurs? | Objectif du 1er interlocuteur | Objectif du 2e interlocuteur |
|---|---|---|---|---|---|
| Dialogue pastoral | Oui | Sacrement, rite, service | Non : le 1er détient une autorité morale et institutionnelle | Accueillir, favoriser le discernement et la progression | Vivre un rite ou un sacrement, bénéficier d'un service |
| Dialogue missionnaire | Habituellement non | Ø | Idéalement | Témoigner de l'Évangile | Pas d'objectif par rapport au 1er interlocuteur |
| Vente | Oui | Un bien ou un service | Non : le 1er est vendeur et l'autre est client | Vendre un bien ou un service au profit de l'entreprise | Obtenir le bien ou le service aux conditions souhaitées |
| Relation d'aide | Oui | Écoute, empathie, résolution de problème | Non : le 1er est l'aidant et l'autre est l'aidé | Offrir à l'aidé une aide efficace dans la résolution de ses problèmes | Obtenir une aide efficace dans la résolution de ses problèmes |
| Discussion | C'est possible | Si oui, l'un des interlocuteurs demande à l'autre son opinion sur un sujet donné | Pas forcément : l'un des interlocuteurs peut être en position plus avantageuse que l'autre | Imposer ses arguments, convaincre, défendre son opinion | Imposer ses arguments, convaincre, défendre son opinion |
| Partage | Non | Ø | Oui. Réciprocité maximale | Ouverture gratuite à l'autre, révélation mutuelle | Ouverture gratuite à l'autre, révélation mutuelle |

*Le dialogue pastoral*

Le dialogue pastoral se déploie à partir d'une demande explicite adressée à l'Église locale. Le plus souvent, il s'agit d'une demande de rite, de sacrement, mais parfois aussi on demande à la communauté chrétienne une démarche particulière ou un service, comme dans la pastorale des recommençants ou des malades. Sans demande, il n'y a pas de dialogue pastoral.

Dans le dialogue pastoral, la relation entre les interlocuteurs est asymétrique. Quoi qu'ils pensent, les responsables pastoraux se trouvent en position d'autorité morale par rapport aux demandeurs. Ils n'agissent pas en leur nom personnel mais au nom de leur Église locale. Plus leurs responsabilités pastorales sont importantes et officielles, plus ils disposent également d'une autorité d'ordre institutionnel. Les demandeurs et les responsables pastoraux se considèrent mutuellement de points de vue différents et parfois même divergents. Les responsables pastoraux agissent en fonction des deux visées décrites au début de ce chapitre : ils sont mis en situation d'accueillir les demandes, d'établir avec les demandeurs un contact signifiant, de favoriser la clarification de leurs valeurs et de leurs croyances, de stimuler leur engagement dans la foi. Au contraire, les demandeurs cherchent à vivre le rite demandé ou la démarche souhaitée d'une manière qui puisse satisfaire leurs propres attentes.

*Le dialogue missionnaire*

La distinction entre le dialogue pastoral et le dialogue dit missionnaire correspond à la différenciation théorique entre le pôle missionnaire et le pôle pastoral dans l'action évangélisatrice de l'Église. Les défenseurs d'une stricte différenciation entre les deux considèrent qu'on peut parler de dialogue missionnaire uniquement lorsque l'échange se produit en contexte totalement séculier, en dehors de toute activité organisée par une communauté chrétienne. À titre d'exemple, imaginons un croyant engagé auprès d'un organisme communautaire de son quartier. Si la dimension spirituelle de son engagement émerge à travers les conversations qu'il entreprend avec d'autres membres de cet organisme, on parle alors de dialogue missionnaire. Dans une situation de communication semblable, on voit bien qu'il ne peut y avoir de demande explicite à l'origine de l'échange, tout au plus une question posée au croyant par curiosité ou par intérêt personnel.

Dans le *Directoire général de catéchèse* et plusieurs documents magistériels catholiques, on distingue trois moments dans le processus global d'évangélisation : le moment de la première annonce (qui correspond au pôle missionnaire), le moment de l'initiation chrétienne et le moment de l'action pastorale. Or, le contexte de post-chrétienté nous empêche de concevoir une progression simplement linéaire de la première annonce à l'action pastorale. Ainsi, les parents qui demandent un sacrement d'initiation pour leur enfant se situent théoriquement au moment de l'action pastorale. Néanmoins, il est impossible de tenir pour acquis que ces parents aient nécessairement pris la décision mûrie de marcher à la suite du Christ (moment de la première annonce) et qu'ils possèdent une bonne connaissance de base de la tradition chrétienne (moment de l'initiation chrétienne). D'autre part, la majorité des personnes rencontrées en contexte séculier possèdent un fond d'héritage chrétien. Plusieurs d'entre elles frapperont aux portes d'une paroisse lors de temps importants de leur vie ou de celle de leurs proches. Le réalisme pastoral nous oblige donc à prendre acte de l'interpénétration du missionnaire et du pastoral.

En contexte séculier comme en contexte ecclésial, c'est la présence ou l'absence de demande qui influence dès le départ le déroulement de l'échange. Lorsqu'il y a demande, les responsables pastoraux doivent composer avec les attentes des demandeurs et avec certaines limites de temps. Puisque le dialogue pastoral se caractérise par la présence d'une demande, il nous faut avouer qu'il s'agit d'une situation nettement plus contraignante. Au contraire, en l'absence de demande (dialogue missionnaire), les responsables pastoraux jouissent d'une plus grande liberté.

Mais qu'en est-il de la symétrie ou de l'asymétrie des interlocuteurs dans le dialogue à visée évangélisatrice en l'absence de demande? Dans les grandes Églises en Occident, les interlocuteurs croyants s'adressent souvent à leurs vis-à-vis en évitant d'être associés à l'autorité morale et institutionnelle de l'Église, car l'évocation de cette dernière pourrait provoquer des blocages susceptibles d'empêcher tout dialogue. Les interlocuteurs croyants désirent témoigner de l'Évangile et de leur foi. Idéalement, ils le feront sans attendre de réciprocité ni de résultats immédiats chez l'autre, afin de respecter sa liberté de conscience, d'éviter l'embrigadement et la récupération. Quant aux autres interlocuteurs, ils n'attendent rien de spécifique de leurs vis-à-vis croyants. L'absence d'attentes précises crée une situation de communication assez distincte du dialogue pastoral. N'oublions pas que d'autres Églises ou groupes religieux proposent au contraire une approche directe qui tient beaucoup de la discussion et de la vente, où l'on affiche clairement la volonté de persuader et de convertir l'autre par tous les arguments possibles. Ce type d'approche n'est habituellement pas encouragé dans les grandes Églises chrétiennes.

### *La vente*

Dans le cas de la vente, le client est à la recherche d'un bien ou d'un service qui corresponde à ses attentes. Il y a donc une demande à l'origine de l'échange entre le vendeur et le client.

La relation entre le vendeur et le client est également asymétrique. Le vendeur mettra tout en œuvre pour vendre le bien ou le service en question au profit de l'entreprise, dans l'espoir d'en retirer lui-même des bénéfices en termes de rémunération ou d'avancement professionnel. Quant au client, il tente d'obtenir le bien ou le service aux conditions qui l'avantagent. Ces points de vue opposés peuvent être réconciliés lors d'une négociation réussie, lorsque le vendeur et le client sont tous deux convaincus d'avoir réalisé une bonne affaire. Nous constatons donc des similitudes entre la vente et le dialogue pastoral. Il importe pourtant d'éviter d'assimiler l'un à l'autre. Dans les années quatre-vingt et quatre-vingt-dix, on a usé et abusé de la métaphore de l'offre et de la demande pour décrire le dialogue pastoral. Cette métaphore permettait d'exprimer avec justesse les perceptions de nombreux responsables pastoraux, mais on risque de détourner le dialogue pastoral de ses visées lorsqu'on le conçoit de cette manière[9].

### *La relation d'aide*

En relation d'aide, l'aidé adresse une demande à l'aidant. Il demande en premier lieu de l'empathie et de l'écoute pour pouvoir exprimer ses difficultés, ses problèmes, ses besoins. Mais il s'attend à ce que l'aidant, par ses ressources et son expertise, lui offre des moyens efficaces de les résoudre. À cet égard, le dialogue pastoral se révèle semblable à la relation d'aide ainsi qu'à la vente.

L'asymétrie dans les rapports interpersonnels caractérise aussi la relation d'aide. L'aidant entre en relation pour offrir ses services au nom de ses compétences professionnelles et/ou de ses qualifications personnelles. L'aidé recourt à ses services pour obtenir un soutien efficace dans la résolution de ses problèmes. Bref, l'aidant entre en relation pour donner et l'aidé pour recevoir, même s'il s'établit parfois une certaine réciprocité dans l'échange. Une telle réciprocité constitue un fruit gratuit et inattendu de la relation d'aide, et non une de ses caractéristiques obligées. C'est donc l'objet et la nature de la demande qui permettent de distinguer nettement le dialogue pastoral de la relation d'aide. Le dialogue pastoral appartient à l'univers de l'éducation et de

---

9 Voir la fin du chapitre 2 aux pages 44 à 47, pour une réflexion critique plus approfondie au sujet de cette métaphore.

la célébration de la foi. Il prend en compte l'enracinement de l'individuel dans le collectif familial, social et ecclésial. La relation d'aide, même quand on la qualifie de pastorale[10], se concentre sur la croissance psychologique et spirituelle des personnes en fonction de leur cheminement individuel. En outre, le dialogue pastoral ne peut s'étaler indéfiniment dans le temps en raison du caractère plus ponctuel de la demande. Au contraire, la relation d'aide peut se prolonger pendant des années. Toutefois, le dialogue pastoral amène parfois des interlocuteurs à entrer ultérieurement en relation d'aide.

### *La discussion*

Dans la discussion, il arrive que l'un des interlocuteurs demande à l'autre d'entreprendre un échange verbal ou d'expliquer son opinion sur un sujet précis. La demande peut également venir de l'extérieur, par exemple dans le cadre des débats publics organisés en politique, dans les médias ou les universités. Néanmoins, une discussion peut s'amorcer spontanément, sans demande au départ. Autrement dit, l'existence d'une demande n'est pas un paramètre essentiel de la situation de communication propre à la discussion, bien que cela se produise souvent ainsi.

La discussion survient parfois entre des interlocuteurs dont les positions sont plutôt symétriques (mêmes qualifications, même niveau socio-économique, même position sociale ou professionnelle) : par exemple dans un cours ou un séminaire, dans un débat entre chefs de partis politiques. Mais la discussion existe tout aussi bien lorsqu'il y a asymétrie dans la relation : entre professeurs et étudiants, entre un chef et ses subordonnés, entre un professionnel et d'autres personnes sans formation qui s'intéressent à son champ d'expertise. Au-delà de la symétrie ou de l'asymétrie dans la relation, les interlocuteurs poursuivent toutefois des objectifs comparables : défendre sa position, stimuler le débat, convaincre l'autre ou le faire douter de sa position.

La discussion se déroule avant tout dans l'arène intellectuelle. Elle correspond bien à ce que le théologien indien Raimundo Panikkar[11] appelle dialogue dialectique. Cette forme de dialogue, omniprésente dans l'histoire intellectuelle occidentale, ne prend en compte que la dimension rationnelle de la personne. Dans le dialogue dialectique, les interlocuteurs échangent des arguments et confrontent leurs positions

---

10 Voir Yvon SAINT-ARNAUD, *La relation d'aide pastorale*, Ottawa, Novalis, 2005, 136 p.

11 Voir Raimundo PANIKKAR, « Témoignage et dialogue », dans Enrico CASTELLI, éd., *Le témoignage*, Paris, Aubier Montaigne, 1972, p. 365-388.

pour chercher une vérité qu'ils croient reposer entièrement dans les faits et les objets qui leur sont extérieurs. Ils y parviendront d'autant mieux qu'ils partageront un cadre de référence commun, ce qu'il est de plus en plus difficile de tenir pour acquis à l'ère du pluralisme, de l'interculturel et de l'interreligieux.

Plusieurs responsables pastoraux ont tendance à privilégier le dialogue dialectique dans leurs échanges avec les demandeurs. Bien qu'on ne doive pas exclure la dimension rationnelle et la réflexion intellectuelle du dialogue pastoral, confondre ainsi dialogue pastoral et discussion pose vraiment problème. En se cantonnant au dialogue dialectique, on risque de rater complètement la cible. « Les rites de passage, affirme Louis-Marie Chauvet, déclenchent, sur le plan psychosocial, des ressorts archaïques d'autant plus puissants que davantage latents; d'autant plus déterminants que plus difficiles à élucider et à raisonner[12]. » Le dialogue dialectique n'effleure donc que la surface des motivations des demandeurs. Il favorise l'adoption d'une position défensive chez l'ensemble des interlocuteurs et risque davantage d'être perçu comme de l'endoctrinement. La compréhension intellectuelle d'arguments théologiques n'induira probablement aucun changement véritable d'attitude ou de mentalité. On demeurera alors en extériorité et on négligera l'expérience au profit des idées. En outre, la recherche spirituelle de nos contemporains s'enracine bien plus dans l'affectif, les sens et les symboles que dans l'intellect. Même s'il est fréquent que les demandeurs ouvrent l'échange sur le terrain intellectuel et semblent préférer s'y cantonner, les responsables pastoraux ont beaucoup à perdre s'ils s'époumonent à argumenter dans l'espoir de trouver enfin l'argument décisif. En dialogue pastoral, il peut être pertinent d'entrer épisodiquement en dialogue dialectique mais sans s'y attarder.

### *Le partage*

Le dialogue pastoral diffère du partage sous plusieurs aspects. Il n'y a pas de demande à l'origine du partage, alors que c'est une caractéristique essentielle du dialogue pastoral. Les interlocuteurs échangent à partir de consignes librement choisies, ou sans consignes communes, mais sans autre fin que le partage lui-même. L'absence de demande et la gratuité caractérisent le partage.

Enfin, le partage se déroule dans la plus grande réciprocité possible entre les interlocuteurs. Pour entrer dans la dynamique du partage, il faut laisser de côté toute prétention à surpasser ou à convaincre l'autre. Les interlocuteurs peuvent alors se révéler les uns aux autres

---

12 CHAUVET, *Les sacrements*, p. 197.

dans le respect et l'ouverture mutuelle, sans pression ni jugement. Le partage correspond à une autre forme de dialogue que Panikkar appelle dialogue dialogal. On peut parler de dialogue dialogal lorsque les interlocuteurs se rencontrent comme personnes uniques assumant leur subjectivité dans une égalité de principe, une attitude de non-jugement et une ouverture à l'autre quasi totale. Chacun doit être prêt à remettre en cause ses convictions dans une recherche commune de la vérité, sans jamais se poser comme détenteur de la vérité.

Certains responsables pastoraux rêvent d'atteindre le même degré de réciprocité dans le dialogue pastoral que dans le partage. Ils seront immanquablement déçus. Dans le dialogue dialogal, toute personne doit se dépouiller de son pouvoir et de son autorité pour rencontrer les autres en position d'égalité. Par exemple, il s'agit d'une règle de base dans les groupes qui pratiquent les traditions des Alcooliques Anonymes. Or, nous avons vu que les interlocuteurs occupent forcément des positions asymétriques dans le dialogue pastoral, parce que les responsables pastoraux parlent au nom de l'Église dans laquelle ils sont engagés et qui les met en position d'autorité morale. C'est pourquoi le dialogue pastoral ne peut adopter totalement la forme du dialogue dialogal. Il demeure toutefois possible de tenter le plus possible de s'en approcher tout en assumant l'inévitable asymétrie de la relation. Il s'agit de quitter l'orbite du dialogue dialectique pour faire du dialogue dialogal notre centre de gravité. Voilà un passage décisif pour notre conception et notre pratique du dialogue pastoral. Il nous faudra en analyser les implications et les conséquences sur nos perceptions des interlocuteurs ainsi que sur notre compréhension des étapes du dialogue pastoral.

*Relecture de mon expérience*

- Dans quels champs de la pastorale ai-je pratiqué le dialogue pastoral?
- Comment est-ce que je m'approprie les deux visées du dialogue pastoral? Ai-je tendance à en privilégier une au détriment de l'autre? Si oui, qu'est-ce qui m'y pousse?
- Quelle place est-ce que j'accorde au dialogue dialectique dans ma pratique? Quelle place au dialogue dialogal?

*Perfectionnement de ma pratique*

- J'identifie les textes du Nouveau Testament qui constituent mes références fondatrices pour la pratique du dialogue pastoral. Je prends le temps de les lire et de les méditer, dans la solitude ou en groupe.

*Chapitre 2*

# Responsables pastoraux et demandeurs

Le dialogue pastoral met en présence deux types d'interlocuteurs qui occupent chacun une position caractéristique dans l'interaction : les responsables pastoraux et les demandeurs. D'entrée de jeu, il importe de ne pas durcir ces positions et d'éviter d'en faire des catégories exclusives. Il ne s'agit en aucune façon de catégories de personnes, mais bien de positions ou de rôles, à l'exemple d'autres interactions régies par des règles sociales définies (par exemple : médecins et patients, professeurs et étudiants, intervieweurs et interviewés). Les personnes ne sauraient être réduites à la position qu'elles occupent ou au rôle qu'elles jouent. En outre, un même individu peut expérimenter à plusieurs reprises dans sa vie la position de demandeur ainsi que celle de responsable pastoral. De plus, chaque individu incarne son rôle du moment en fonction de sa personnalité, son histoire, sa culture, ses enracinements sociaux et ecclésiaux.

Pour parler avec pertinence des deux positions qui structurent la situation de communication du dialogue pastoral, il importe avant toute chose de résister aux tentations de la généralisation et de la catégorisation des individus. Nous chercherons simplement à identifier quelques caractéristiques fondamentales pour chacune des positions et à mesurer ce qu'elles peuvent impliquer pour les personnes réelles en interaction[1]. Nous traiterons également du nombre d'interlocuteurs en présence et de l'influence de ce facteur sur le déroulement du dialogue pastoral. Enfin, nous reviendrons sur la métaphore économique de l'offre et de la demande, fréquemment utilisée depuis le début des années quatre-vingt-dix pour décrire le décalage entre les préoccupations des demandeurs et celles des responsables pastoraux : quels en sont l'intérêt et les limites?

---

1 Il est inévitable que ces observations reflètent les couleurs particulières de la réalité socio-ecclésiale québécoise. Toutefois, les lecteurs d'autres origines pourront sans doute transposer et adapter plusieurs éléments de cette analyse à leur propre réalité culturelle, afin de la réécrire à leurs propres couleurs.

## *Une foi enracinée et partagée*

Une part importante des responsables pastoraux qui pratiquent le dialogue pastoral exercent un ministère dans leur communauté ecclésiale locale. Parmi eux, on trouve des prêtres, des pasteurs, des diacres permanents, des agents et agentes de pastorale laïques. D'autres, non moins nombreux, donnent bénévolement de leur temps au nom de leur baptême et de leur confirmation. Dans les paroisses peu populeuses et les milieux où l'on reçoit peu de demandes, il n'est pas rare qu'un seul responsable pastoral pratique le dialogue pastoral sur tous les fronts. Ailleurs, les membres d'une équipe pastorale et de différents comités de bénévoles s'en partagent la responsabilité.

En outre, le personnel de soutien des paroisses et des centres diocésains (secrétaires, réceptionnistes, préposés à divers services administratifs) est impliqué dans le dialogue pastoral. Ces personnes sont souvent les premières à recevoir les demandes. Ainsi, le premier visage de l'Église qu'entrevoient les demandeurs se trouve fréquemment déterminé par elles, par leurs attitudes et leurs comportements. Elles jouent un rôle médiateur dans la prise de contact entre les demandeurs et les responsables pastoraux. Par leur fonction même, elles participent activement à l'accueil des demandeurs et à l'établissement du climat d'échange avec eux. Ainsi, le personnel de soutien devient solidaire du personnel pastoral dans l'exercice du dialogue avec ceux et celles qui adressent une demande à l'Église.

Quel que soit le statut des responsables pastoraux (sans oublier le personnel de soutien), tous et toutes participent pleinement à la mission évangélisatrice de l'Église. « Évangéliser n'est pour personne un acte individuel et isolé, mais c'est un acte profondément ecclésial », écrivait le pape Paul VI dans son exhortation apostolique sur l'évangélisation[2]. Dans l'Église tout entière évangélisatrice, chacun prend sa part de responsabilité « en union avec la mission de l'Église et en son nom ». Le caractère ecclésial de cette mission partagée se manifeste entre autres par différentes formes d'encadrement diocésain des champs pastoraux où l'on pratique le dialogue (répondant et/ou comité diocésain pour le baptême ou le mariage, orientations pastorales, etc.) et par l'existence de comités paroissiaux, sectoriels, régionaux. Ces différentes instances se veulent les initiatrices ou les gardiennes d'un projet commun, d'un rêve d'Église.

---

2 PAUL VI, *L'évangélisation dans le monde moderne*, p. 56.

Endosser la position de responsable pastoral pour répondre à des demandes de célébrations ou de services comparables implique donc un engagement explicite dans la foi chrétienne vécue et célébrée en Église, quelle qu'en soit la forme. Autrement dit, pour supporter le poids d'un tel engagement public, il faut avoir clarifié pour soi-même la question de l'adhésion au Christ et de l'appartenance au Corps formé de ceux et celles qui s'en reconnaissent eux aussi les disciples. Il en est de même pour le personnel de soutien. Le dialogue pastoral ne manquera pas de mettre à l'épreuve cette foi et cette appartenance. Si une personne hésite à se reconnaître croyante au Christ et membre de l'Église, si elle n'a pas d'assises solides dans sa foi, le dialogue pastoral pourrait devenir une source intolérable d'angoisse pour elle. Elle pourrait aussi être tentée de se servir de ses rencontres avec les demandeurs pour régler ses comptes, ce qui ne rendra service à personne. Il ne s'agit pas d'avoir tout réglé une fois pour toutes et d'adhérer sans sens critique, mais de se sentir bien ancré dans l'essentiel et capable de solidité intérieure.

Enfin, on ne peut jouer le rôle de responsable pastoral lors d'une demande de rite que si l'on possède une familiarité suffisante avec la culture interne de son Église locale (diocésaine et paroissiale) : ses règles, ses coutumes, son organisation bien concrète, son vocabulaire. Pour aider les demandeurs à s'orienter, il faut soi-même être en mesure de s'y trouver avec aisance ou au moins de s'y démêler. À cet égard, le personnel de soutien joue un rôle clef : mettre en contact les bonnes personnes, référer au bon service, donner des informations justes.

### *Représentation et autorité*

Lorsqu'on assume la position de responsable pastoral lors d'une demande de rite, on ne le fait pas en son nom personnel comme personne privée, mais au nom de l'Église qui nous confie une telle responsabilité. Les demandeurs eux-mêmes ne s'y trompent pas : la personne qui les reçoit incarne à leurs yeux l'institution ecclésiale dans ce qu'elle a de plus officiel. Ainsi, en cas d'insatisfaction, il n'est pas rare que les demandeurs dépersonnalisent le problème en racontant « ce que l'Église leur a fait ». Les responsables pastoraux ainsi que le personnel de soutien jouent donc le rôle de représentants de l'Église en tant qu'institution et en tant que communauté croyante. De plus, ils jouissent de l'autorité reliée à cette représentation.

L'autorité institutionnelle provient en partie des pouvoirs réels conférés par l'évêque, le Droit Canon, le diocèse et ses orientations d'ensemble, la paroisse, mais elle dépend également des perceptions des demandeurs, qui en reconnaissent l'existence ou l'inexistence, la légitimité ou l'illégitimité. Le rôle ou la fonction exercée dans la paroisse ou le diocèse détermine les limites dans lesquelles sera exercée cette autorité. L'ordination et le mandat pastoral confèrent une plus grande légitimité institutionnelle aux interventions d'une personne. Par exemple, il arrive que les demandeurs réclament de parler au curé, à qui ils reconnaissent une plus grande autorité qu'aux laïcs, fussent-ils mandatés. Toutefois, les bénévoles participent également à l'exercice de cette autorité institutionnelle par leur engagement dans une équipe locale en lien avec les responsables officiels de l'animation pastorale du milieu. Dans quelle mesure jouissent-ils d'une véritable autorité institutionnelle? Cela dépend entre autres de la marge de manœuvre qui leur est consentie par les personnes ordonnées et mandatées, des besoins du milieu et de leur aisance personnelle à porter cette autorité : « Ce point n'apparaît pas toujours avec évidence chez certains laïcs, qui préfèrent demeurer "comme tout le monde" et ne pas se sentir trop liés à l'institution ecclésiale. La reconnaissance d'un tel statut est cependant psychologiquement fort souhaitable pour éviter certaines dérives ou démissions. En outre, sur le plan social, il est indispensable que les gens sachent à qui, statutairement, ils ont affaire[3]. »

Les Romains utilisaient deux mots différents pour désigner l'autorité : la *potestas*, qui correspond à l'autorité institutionnelle et au pouvoir légal, et l'*autorictas*, c'est-à-dire l'ascendant personnel, le leadership, l'autorité morale d'un individu. La hiérarchie d'une organisation confère la *potestas*, tandis que l'*autorictas* se mesure au charisme d'une personne, à ses aptitudes et ses habiletés. Les autorités ecclésiales et les demandeurs s'attendent à ce que les responsables pastoraux exercent aussi cette autre forme d'autorité lors d'une demande de rites. Cependant, les attentes sont nombreuses et variées, parfois même contradictoires. Telle personne s'attend à beaucoup de fermeté, pour pouvoir s'y soumettre ou s'y opposer. D'autres espèrent plutôt de la souplesse, de la séduction, de la persuasion ou de la complaisance. Tous les responsables pastoraux sont donc renvoyés à eux-mêmes pour déterminer leur manière propre d'exercer l'autorité morale. En outre, ce sont les demandeurs qui, en dernier recours, reconnaissent ou non l'autorité des responsables pastoraux.

Combien de responsables pastoraux se sentent mal à l'aise avec cette dimension indissociable de leur rôle et de leur responsabilité. Ils ne peuvent y échapper et doivent donc faire leur deuil de la possibilité de vivre de simples relations d'égal à égal avec les demandeurs, dans

---

3 CHAUVET, *Les sacrements*, p. 216.

la réciprocité du partage. Il s'agit d'une dimension essentielle du service qu'ils sont appelés à rendre aux autres au nom de leur foi et de leur appartenance au Christ. Alors quel visage donner à son leadership personnel? Chaque responsable pastoral doit trouver sa propre posture sur la ligne de tension entre la soumission et l'affirmation : discerner sa tendance à l'autoritarisme, au rigorisme, au légalisme ou au contrôle, identifier son besoin de séduction et de complaisance, nommer ses peurs, ses appréhensions et ses compulsions.

À cet égard, la figure de Jésus dans le Nouveau Testament constitue un modèle unique. « Il enseignait en homme qui a autorité et non pas comme les scribes », lit-on dans l'évangile (Mt 7, 29). Cette autorité émane de la force intérieure de Jésus, de sa relation unique avec le Père. Capable de s'affirmer sans crainte, Jésus ne tombe pas dans les pièges du contrôle ou de la complaisance. Il exerce son autorité pour sauver et relever les personnes, jamais pour les soumettre. Il est capable d'avancer désarmé jusqu'à la mort qu'il sait inévitable. La force et les tentatives de manipulation n'auront aucune prise sur lui. Comment les responsables pastoraux peuvent-ils eux aussi guider les demandeurs sans les contraindre, afin de les aider à mieux assumer leur liberté et orienter leur existence?

### *Gérer son rapport avec le discours institutionnel*

Tout responsable pastoral et tout personnel de soutien se voit tôt ou tard confronté à la distance inévitable entre ses convictions personnelles et le discours ecclésial qui lui sert de référence (orientations pastorales, documents d'animation, projet diocésain, tradition théologique). Il lui faut alors jauger dans quelle mesure il y adhère réellement et sur quels points il demeure réticent. Pour mener un dialogue pastoral fructueux, il importe d'adhérer à l'essentiel des objectifs communs et de se sentir partie prenante du projet ecclésial qui les sous-tend. L'adhésion de fond est nécessaire pour pouvoir s'adresser aux demandeurs avec conviction et sincérité. Malheureusement, l'absence de conviction se sent assez facilement. Or, en post-chrétienté, les discours croyants demeurent irrecevables sans la validation du témoignage personnel et de l'authenticité subjective, puisqu'ils ne sont plus supportés automatiquement par une attestation sociale. En outre, les responsables pastoraux jouent le rôle de représentants de l'Église. Ils doivent rendre des comptes à la communauté locale au nom de laquelle ils agissent. Celle-ci doit se reconnaître en eux pour l'essentiel.

Toutefois, l'adhésion de fond prend la forme de l'appropriation personnelle. Les responsables pastoraux ne peuvent faire l'économie de reprendre la réflexion commune à leurs propres frais et de trouver leur manière personnelle de l'exprimer. Leur parole tombera dans le vide si elle se limite à la répétition ânonnante d'un discours tout fait, d'un témoignage programmé ou d'une ligne de parti. « Il s'agit moins de tenir des discours religieux ou théologiques que de s'engager soi-même, en première personne, donc à ses risques et périls, dans une parole qui dit en quoi l'Évangile donne à vivre personnellement et fait vivre d'autres[4]. » L'expérience et la sensibilité personnelles jouent un rôle indispensable de caisse de résonance, sans quoi les mots de la foi restent sans écho et sans vie. Finalement, le conformisme sonne aussi faux que la mollesse des convictions. Cela signifie que les responsables pastoraux doivent s'autoriser à formuler leurs réserves et leurs questions, au moins pour eux-mêmes, et à se laisser travailler par ce qui les interroge.

L'appropriation personnelle des propositions de l'Église locale est également nécessaire au personnel de soutien, à qui les demandeurs réclameront en premier des informations. Le personnel de soutien se trouve régulièrement tenu d'expliquer l'organisation et le fonctionnement des différentes pastorales, leur horaire, leurs règles, leurs limites, éventuellement leur coût. Leur manière d'expliquer les choses trahira forcément leur rapport avec les projets pastoraux locaux et aussi avec les responsables pastoraux. Ces personnes exercent une influence certaine sur les perceptions des demandeurs.

Les responsables pastoraux ainsi que le personnel de soutien sont donc tenus de gérer pour eux-mêmes leur distance personnelle avec le discours institutionnel, afin de conserver le juste équilibre. On n'y parvient jamais de manière définitive. Pour suivre le flot mouvant de l'expérience, il faut consentir à se remettre en cause et à s'ajuster, quand un précédent état d'équilibre s'est rompu et nous a remis en recherche. Pour y parvenir, il est souhaitable de s'octroyer des temps d'échange et d'approfondissement en équipe pastorale ou en comité. Ces temps en commun permettent à chacun de ventiler et servent aussi de banc d'essai pour les idées ou les formulations nouvelles. À défaut de prise de parole entre responsables pastoraux, ceux-ci risquent de s'en ouvrir aux demandeurs et de les envahir avec le débordement de leurs incertitudes et de leurs hésitations. Il n'en résulterait qu'une plus grande confusion chez les demandeurs, qui ne peuvent jouer ce rôle de vis-à-vis. De même, il importe que le personnel de soutien et le personnel pastoral échangent régulièrement, afin d'éviter les malentendus, les conflits et les incohérences qui ne manqueraient pas de rejaillir sur les demandeurs, malheureusement.

---

4 Chauvet, *Les sacrements*, p. 213.

*Désirs à l'égard des demandeurs*

Un grand désir se situe en plein cœur des motivations des responsables pastoraux en dialogue pastoral : amener les demandeurs à une foi plus explicite, à une plus grande adhésion à l'Évangile et à une participation plus active à la vie de la communauté chrétienne. Cette motivation de fond prend racine dans la vocation évangélisatrice de l'Église et de tous les baptisés. Il s'agit à la fois d'un désir institutionnel et d'une aspiration personnelle des responsables pastoraux, en tant que croyants et membres engagés de leur Église. On pourrait comparer ce désir à un moteur interne qui stimule les responsables pastoraux à s'investir dans une pratique aussi ardue que le dialogue pastoral. Seule une motivation intrinsèque reposant sur de fortes convictions personnelles leur permettra de tenir la route.

Néanmoins, ce désir peut devenir un piège nuisant considérablement à l'établissement d'un échange sain avec les demandeurs. Par son intensité et ses couches inconscientes, il risque de pousser les responsables pastoraux à tomber dans l'endoctrinement et la récupération. Il trahit parfois de grandes exigences en termes de résultats. Hantés par leur désir, les responsables pastoraux exerceront toutes sortes de moyens de pression subtils sur les demandeurs, au risque de porter atteinte à leur liberté de conscience. Ou ils les étoufferont littéralement sous leurs manifestations d'enthousiasme au moindre signe d'intérêt de leur part. Les demandeurs chercheront alors à se protéger de cette intrusion dans leur espace vital : ils tiendront les responsables pastoraux à bout de bras, céderont par peur de déplaire, répondront aux pressions par des tentatives de manipulation, etc. Malheureusement, le désir intense des responsables pastoraux sert parfois de repoussoir aux demandeurs : plus on leur donne de signes d'une volonté de captation, plus ils manifesteront le besoin de fuir et d'échapper aux mailles du filet tendu vers eux.

Il n'est pas rare que les attentes des responsables pastoraux soient trop élevées et trop précises, ce qui leur rend la déception inévitable et les pousse parfois à la démission. Les attentes jouent d'autant plus qu'elles demeurent inconscientes et informulées. En outre, un imaginaire ecclésial bouillonnant d'émotions contenues s'infiltre dans le désir d'évangéliser et parvient trop souvent à le contaminer : frustration devant les églises vides que l'on voudrait remplir à nouveau, nostalgie de la chrétienté, fragilité causée par le manque d'attestation sociale de l'adhésion croyante, ressentiment à l'égard des croyants non pratiquants.

Les responsables pastoraux sont responsables de canaliser et d'apprivoiser leurs désirs à l'égard des demandeurs. Comme ces désirs revêtent à la fois une dimension personnelle et une dimension institutionnelle ou collective, ils auront tout intérêt à être gérés ensemble par l'expression, le partage, la catharsis, puis par une distanciation permettant d'effectuer les deuils nécessaires, de confronter ses attentes à l'attitude non captatrice de Jésus, de ressaisir le tout dans une perspective spirituelle et un sain réalisme pastoral.

## *Les demandeurs*

### *En position de vulnérabilité*

Par définition, tout demandeur se situe en position de vulnérabilité devant l'autorité détenue par les responsables pastoraux. Cette vulnérabilité est inhérente à leur position, quelle que soit leur proximité ou leur distance avec la communauté chrétienne locale. En toutes circonstances, lorsqu'on est demandeur, on sait que l'autorité de l'autre se traduit par le pouvoir de jauger la demande et de décider quelle réponse lui sera apportée. Les demandeurs sont poussés par d'autres motivations que les responsables pastoraux. Ils expriment, ouvertement ou à mots couverts, leur propre désir à l'égard de la célébration ou du service qu'ils demandent. Ils sentent bien qu'ils ne peuvent disposer eux-mêmes de leur désir. Ils sont obligés d'en référer à d'autres.

Chaque demandeur se trouve ainsi renvoyé à l'histoire de ses rapports personnels avec l'autorité en général et avec l'Église en particulier. La situation favorise objectivement la projection et la généralisation, pour les demandeurs comme pour les responsables pastoraux. En réponse à cela, on peut observer toute une gamme de réactions : soumission, conformisme, révolte, opposition, indécision, manipulation, négociation, etc. Certaines personnes entrent sans crainte en rapport avec une autorité et parviennent à s'affirmer calmement en faisant preuve d'ouverture. D'autres se sentent nettement menacées. Il y a des gens qui manifestent leur inconfort par l'adoption d'un ton agressif et revendicateur dès les premières secondes de l'entrée en contact. D'autres semblent prêts à répéter tout ce que l'on veut pour obtenir l'approbation et gagner la réalisation partielle ou totale de leurs attentes. D'autres encore se protègent en demeurant distants et insaisissables.

Les responsables pastoraux et le personnel de soutien devraient demeurer conscients de la vulnérabilité structurelle des demandeurs et des filtres personnels inévitablement sollicités par la situation. De nombreuses réactions peuvent être attribuées à la personnalité et à l'expérience préalable des demandeurs. Parfois, ils s'adressent à l'Église comme institution à travers les personnes qui la représentent. Pour favoriser des relations saines et adultes, il importe que les responsables pastoraux et le personnel de soutien remettent à chacun ce qui lui appartient et qu'ils évitent de se sentir constamment visés ou attaqués personnellement. En outre, il n'y aurait rien à gagner à répondre à l'agressivité par l'agressivité. Celle-ci constitue avant tout un indice de vulnérabilité.

Dans tous les cas, les demandeurs voudront présenter une image positive d'eux-mêmes afin d'éviter de perdre la face. Or, il s'agit de demandes à l'Église et la majorité des demandeurs fréquentent rarement la paroisse. Parmi eux, plusieurs couples cohabitent sans être mariés. La plupart du temps, les demandeurs se sentent vaguement coupables de leur distance et s'attendent confusément à subir un jugement défavorable ou une sanction humiliante. Ils appréhendent parfois qu'on leur fasse subir un examen de doctrine, qu'on examine leurs mœurs, qu'on les force à se justifier. Évidemment, les demandeurs ne sont pas tous atteints au même degré par ce genre de craintes, qui peut prendre la figure d'un léger agacement comme d'une véritable paralysie. Il incombe aux responsables pastoraux et au personnel de soutien de demeurer sensibles aux appréhensions des demandeurs et de s'efforcer d'éviter ce qui pourrait renforcer leurs mécanismes de protection au lieu de les désamorcer. À cet égard, ne faudrait-il pas remettre en question le recours à la confrontation systématique, qui a généralement pour effet de braquer les gens et de les mettre sur la défensive?

### *Une Église à la fois connue et inconnue*

En frappant à la porte de la paroisse, les croyants non pratiquants s'attendent habituellement à retrouver un univers relativement familier. Ils se sont construit une image de l'Église composée d'éléments tirés de leurs souvenirs d'enfance, des récits de leurs proches, de l'image de l'Église véhiculée par les médias, des propos entendus en société ou dans la bouche de personnages publics. Au Québec, la génération du baby-boom a imposé sur la place publique depuis quarante ans une vision négative et stéréotypée de l'Église catholique et du passé religieux canadien français. Ce discours est fréquemment répété par des membres de toutes les générations comme une évidence et comme un jugement définitif sur l'Église. En outre, plusieurs parents demandent les sacrements d'initiation pour que leurs enfants soient marqués par les mêmes rituels et les mêmes étapes qu'eux-mêmes et ils s'attendent à retrouver des traces de leur enfance lors de leur passage à la paroisse. Plus encore, en post-chrétienté, l'Évangile et l'Église donnent à la majorité une vague impression de déjà-vu et distillent un goût de réchauffé.

Or, la réalité actuelle des communautés chrétiennes diffère passablement de ces repères. La culture interne du monde pastoral et son organisation vivent plutôt à l'ère du changement constant. Depuis au moins deux générations, les enfants ne reçoivent plus le même héritage que leurs parents : contenu repensé, vocabulaire différent, modifications dans la séquence rituelle de l'initiation chrétienne, nouvelles méthodes catéchétiques, etc. Les demandeurs actuels, qui se considèrent le plus souvent comme des croyants non pratiquants, ont perdu en tout ou en partie le fil conducteur de ces changements. Ils se sentent alors déstabilisés. Les repères qu'ils avaient conservés ne leur sont plus d'aucune utilité dans ce nouvel environnement. Les anciennes règles sont périmées. On a éliminé du vocabulaire pastoral courant certaines expressions typiques (par exemple, on évite de parler du péché originel en préparation au baptême). Dans ce qu'on leur offre, ils ne reconnaissent plus leurs souvenirs ni ceux de leurs parents ou grand-parents. Les clefs dont ils disposent n'ouvrent que des portes disparues. Quant aux nouvelles portes, ils n'en possèdent pas la clef. Ils découvrent une Église à la fois connue et inconnue. Certains réalisent leur profonde ignorance de la tradition chrétienne. L'initiation reçue dans l'enfance semble avoir laissé peu de traces chez un nombre massif de personnes baptisées.

Or, en l'absence de repères, il peut devenir menaçant et inquiétant de formuler une demande. On ne sait plus distinguer les comportements acceptables des comportements indésirables. On ignore les critères utilisés par les personnes en autorité pour poser un jugement et prendre une décision. Puisque l'ignorance accroît la vulnérabilité, les demandeurs craindront alors davantage de subir des abus de pouvoir et des décisions arbitraires. Dans ce contexte, certains vont jusqu'à revendiquer le sacrement comme un droit et un dû, réclamant ainsi leur appartenance à l'Église et protestant de la légitimité de leur demande.

Les responsables pastoraux, comme les médias, ont largement tendance à considérer systématiquement les catholiques non pratiquants comme des décrocheurs. Or, d'après le sociologue canadien anglais Reginald Bibby, cette assomption s'avère totalement fausse[5]. Dans l'ensemble du Canada, les individus continuent massivement de s'identifier à leur tradition religieuse d'origine même s'ils ne s'y engagent pas et même s'ils reçoivent des signes de rejet des groupes de croyants plus engagés. Leur participation demeure occasionnelle, ils opèrent une sélection à travers les dogmes et les pratiques, mais il ne s'agit pas d'un décrochage pur et simple. Ces baptisés manifestent

---

5 Voir Reginald BIBBY, *Restless Gods. The Renaissance of Religion in Canada*, Toronto, Stoddart, 2002, 286 p.

implicitement qu'ils se considèrent encore comme des « gens de l'intérieur », alors que les responsables pastoraux les perçoivent davantage comme des « gens de l'extérieur » et méprisent cette forme contemporaine du catholicisme culturel.

Un tel décalage de perceptions contribue sans doute à rendre le dialogue malaisé et devient l'enjeu d'un tiraillement. Mais où passe aujourd'hui la frontière entre l'intérieur et l'extérieur de l'Église? Les anciens repères socio-ecclésiaux sont bousculés, puisqu'il ne suffit plus aujourd'hui de faire le décompte des pratiquants dominicaux pour se faire un portrait global de l'appartenance chrétienne dans un milieu donné. Face à tous ces baptisés qui boudent le rassemblement dominical, deux tentations se présentent, d'après le théologien Jean-Marc Gauthier : « Se braquer sur leur absence dans des moments où l'on souhaiterait les voir présents ou profiter de leur présence épisodique pour leur reprocher leur absence habituelle[6]. » Gauthier s'inspire du récit évangélique du bon Samaritain pour renverser la question. Jésus, dit-il, déplace la perspective : il ne s'agit plus tant de savoir qui est proche ou distant, mais d'essayer de s'approcher, de se faire proche, de devenir le prochain de l'autre. La pastorale du reproche repousse l'autre et accentue la distance au lieu de l'amenuiser. L'Évangile nous incite au contraire à oser développer une pastorale de l'approche : « Si on se fait prochain, l'autre devient prochain; si on laisse l'autre se faire prochain on brise le mur de la distance[7]. »

Enfin, une Église fidèle au Christ ne doit-elle s'engager qu'envers ses membres les plus assidus? Au nom du Christ, la communauté croyante ne se lie-t-elle pas à chaque personne portée aux fonts baptismaux? Parce que ces baptisés gardent leurs distances avec la vie paroissiale, il serait tentant de les exclure du « nous » ecclésial. Mais comment pourraient-ils s'engager davantage au nom de leur baptême si les responsables pastoraux se refusent à les traiter comme des frères et sœurs baptisés?

### *Partie prenante d'un univers social*

Il est fréquent d'entendre des responsables pastoraux décrier l'individualisme des demandeurs et leur manque d'esprit communautaire. En effet, le milieu pastoral québécois semble poser un regard

---

6 Jean-Marc GAUTHIER, « Une pastorale à refaire à même le monde », dans Jacques GRAND'MAISON, Lise BARONI et Jean-Marc GAUTHIER, dir., *Le défi des générations. Enjeux sociaux et religieux du Québec d'aujourd'hui*, Montréal, Fides, 1995, p. 202.

7 GAUTHIER, « Une pastorale à refaire », p. 205.

plutôt sombre et pessimiste sur la réalité sociale actuelle[8]. Toutefois, chaque demandeur est façonné par l'univers relationnel dans lequel il vit et par celui où il a grandi. Son attitude religieuse n'est intelligible qu'insérée dans son histoire personnelle, sa culture familiale, ses réseaux professionnels et amicaux[9]. Toute demande implique une petite communauté, même si celle-ci n'est généralement pas celle de la paroisse. Cependant ces dimensions constitutives des demandes ne sont pas nécessairement accessibles aux responsables pastoraux dans les propos explicites et conscients des demandeurs. Pour le percevoir, il est nécessaire de porter une écoute attentive et patiente. Il faut parfois lire entre les lignes pour parvenir à situer une demande dans son contexte.

Chaque demande émerge du foyer de tout un concert d'influences. À travers les mots des demandeurs, combien d'autres voix se font entendre : celles des parents, des grands-parents, des amis, des médias, des collègues, etc. Les demandeurs n'expliciteront pas forcément ce qui leur vient des autres et de la culture qui les imprègne. Ils n'en sont pas toujours conscients. Certains demandeurs ne parviennent pas même à différencier leur propre parole de celle des autres. Par contre, il arrive qu'on exerce directement pression sur eux. Dans ces cas, ils s'en ouvriront plus souvent aux responsables pastoraux : c'est par exemple le cas classique des parents qui insistent fortement pour que leur enfant se marie à l'église ou pour que leurs petits-enfants reçoivent le baptême.

Les demandeurs sont tous héritiers d'une forme ou l'autre de tradition. Or les rites constituent un vecteur privilégié de la tradition et de la continuité entre les générations. En chrétienté, temps de passage sociaux et rites religieux se recouvraient quasi complètement. La chrétienté n'est pas bien loin derrière nous. Sur l'horizon de l'histoire, les quelques décennies qui nous séparent de Vatican II et des années soixante représentent une poussière. Les ruptures historiques récentes n'ont pas tout balayé d'un seul coup. Les responsables pastoraux d'aujourd'hui sont tenus d'assumer les responsabilités historiques prises dans le passé par leur Église. Les rites demeurent crédibles et opérants plus longtemps que tous les discours théologiques. La plupart des demandeurs demeurent sensibles au langage rituel, même s'ils se mon-

---

8 Voir Jean-Marc CHARRON, « Entre le vrai et le faux. Le discours des intervenants sur leur pratique », dans Jean-Marc CHARRON et Jean-Marc GAUTHIER, *Entre l'arbre et l'écorce. Un monde pastoral en tension*, Montréal, Fides, 1993, p. 163-165.

9 Pour aller plus loin, voir mon article « Les dimensions collectives d'une demande individualisée. L'exemple du baptême des enfants », dans *Rites et ritualités*, Paris, Les Éditions du Cerf, 1999, p. 67-82.

trent incapables de le justifier par un discours rationnel. Par définition, les rites s'apparentent à un vêtement social qu'on s'imagine revêtir tel quel. On rencontrera donc des résistances lorsqu'on veut inciter les demandeurs à se réapproprier ce qu'ils considèrent comme le modèle original.

La décision d'adresser une demande à l'Église implique pour les demandeurs la nécessité de se situer par rapport aux influences qui les façonnent, à prendre position dans leur univers relationnel et culturel, à reconsidérer leur héritage religieux. L'individualisme apparent de leur demande ne correspond pas nécessairement à la capacité de s'affirmer. Il leur est souvent difficile de mener une réflexion vraiment personnelle sur le sujet et d'assumer leur liberté en matière religieuse. En fait, cette liberté est rarement acquise au départ. Dans le dialogue pastoral, les responsables sont chargés d'aider les demandeurs à prendre conscience des influences qui les façonnent et à apprivoiser leur responsabilité de se situer en vérité par rapport aux rites. Il est totalement inutile de lancer trop vite des appels à la logique et à la cohérence personnelle. Néanmoins, les demandeurs ont certainement besoin de se sentir appuyés et respectés par leurs responsables pastoraux, même s'ils se sentent parfois incapables de s'opposer à leurs proches pour le moment.

### *Un nombre variable d'interlocuteurs en présence*

Le dialogue pastoral peut se dérouler sous plusieurs formes, avec un nombre variable d'interlocuteurs occupant l'une ou l'autre des deux positions que nous venons de caractériser. On associe spontanément le dialogue pastoral à la rencontre privée entre une personne en responsabilité pastorale et un demandeur (homme ou femme). Toutefois, il ne s'agit pas du seul cas de figure possible. Trois autres situations se produisent couramment : la rencontre privée d'un responsable pastoral et de deux demandeurs, la rencontre d'un responsable pastoral avec un groupe de demandeurs et enfin la rencontre d'une équipe de responsables pastoraux avec un groupe de demandeurs. Chacune de ces situations présente des avantages mais aussi des inconvénients. Aucune n'est idéale ou parfaite. Elles se complètent les unes les autres. À cet égard, chaque personne a ses préférences et ses répugnances : on est rarement à l'aise également dans les quatre configurations.

*Un responsable pastoral et un demandeur*

Une rencontre privée individuelle se déroule dans un bureau, un petit local ou encore à domicile. Elle favorise la confidentialité et le respect de la vie privée des personnes. Quand le climat est bon, ce type de rencontre permet d'aller plus en profondeur. Il arrivera que le demandeur s'ouvre à parler d'événements particuliers de sa vie personnelle qu'il garderait sous silence dans un groupe ou en présence de son conjoint ou sa conjointe. Le responsable pastoral peut consacrer son attention exclusive à une seule personne. Il lui sera possible d'écouter et d'observer le demandeur avec plus de vigilance, de s'adapter à son rythme, de personnaliser son approche. Pour certains demandeurs, la rencontre privée atténuera les réactions négatives à l'autorité et les mettra vite à l'aise. Par contre, d'autres demandeurs se sentiront intimidés par la rencontre individuelle : ils se sentent scrutés à la loupe et obligés de parler alors qu'ils auraient préféré un peu plus d'anonymat. Enfin, lorsque les personnes en présence arrivent mal à communiquer, lorsque leurs divergences de points de vue, de sensibilité ou de personnalité posent d'importants obstacles à l'échange, il est nettement plus ardu d'empêcher une rencontre individuelle de tourner à la confrontation ou au conflit. On assiste alors à une partie de bras de fer stérile dont il est difficile de sortir.

*Un responsable pastoral et deux demandeurs*

Ici, le responsable pastoral rencontre privément un couple (fiancés, époux ou conjoints de faits, parents) ou encore un parent avec son enfant. Ce cas de figure présente en gros les mêmes avantages et les mêmes inconvénients que la rencontre individuelle. Toutefois, la personne en responsabilité pastorale doit tenir compte en plus de la dynamique relationnelle déjà établie entre les deux demandeurs. Cette dynamique préexistante influencera fortement le déroulement de la rencontre.

Lorsque les deux demandeurs communiquent de manière positive et dans un équilibre des forces, leur dynamique relationnelle enrichit et stimule le dialogue. Le responsable pastoral peut alors s'appuyer sur cette dynamique et trouvera de nouvelles pistes d'échange à même la conversation du couple ou du parent et de l'enfant. Au contraire, l'existence de conflits ou le déséquilibre des forces compliquent singulièrement le dialogue pastoral. Quand on est en présence d'une dynamique dominant-dominé, quand l'un des demandeurs prend sans cesse la parole au nom de l'autre ou que l'un des partenaires se sert de l'autre comme paravent, la dynamique relationnelle contaminera le dialogue pastoral. On se trouve parfois devant une impasse qui compromet temporairement ou définitivement la poursuite de la démarche entreprise.

### *Un responsable pastoral avec un groupe de demandeurs*

Cette situation diffère passablement des deux premières. On l'observe dans les activités où les demandes sont nombreuses : rencontres pré-baptismales, sessions de préparation au mariage, soirées d'information sur la catéchèse. Le nombre de demandeurs doit être pris en considération. On ne parle de dialogue pastoral que si l'on accorde un temps de parole suffisant aux demandeurs et s'il peut se produire un véritable échange. On peut y parvenir avec un groupe de huit à douze personnes, mais sans doute pas en présence d'une trentaine, d'une cinquantaine ou d'une centaine de personnes. Mais ce type de situation demande beaucoup de souplesse dans l'animation : des règles claires mais une ouverture maximale quant au contenu. Les responsables pastoraux devront réfréner la tentation d'envahir l'espace de parole, de remplir tous les silences, de donner la « bonne réponse », de suivre à la lettre un canevas d'animation trop précis.

Le responsable pastoral devra tenir compte de la dynamique du groupe qui va se créer pendant la rencontre. Il lui faudra une bonne dose de concentration et de présence d'esprit. Il pourra saisir les perches plus nombreuses que lui fournissent les interventions des différents participants. En outre, ceux-ci pourront s'enrichir mutuellement de la mise en commun de leurs points de vue et de leurs expériences. Les demandeurs plus timides ou plus lents à l'apprivoisement auront la possibilité d'entrer progressivement dans l'échange ou de garder le silence. On voit bien que la rencontre de groupe offre des possibilités inaccessibles dans la rencontre individuelle.

Par contre, la dynamique d'un groupe peut se révéler si problématique que la qualité de l'échange en sera compromise. Il arrive que surgisse un conflit entre deux participants, ou qu'un demandeur envahisse l'espace de parole par la fréquence et l'intensité émotive de ses interventions. On se retrouve parfois devant un groupe paralysé par trop de personnes timides qui n'osent pas prendre la parole. Les responsables pastoraux ont besoin de formation et d'expérience en animation pour entrer en dialogue pastoral avec un groupe.

### *Plusieurs responsables pastoraux avec un groupe de demandeurs*

Les avantages et les inconvénients de la situation précédente s'appliquent ici aussi, parce qu'il s'agit aussi de la rencontre avec un groupe de demandeurs. Soulignons toutefois une différence importante : la dynamique de l'équipe des responsables pastoraux animateurs. Ceux-ci se réjouiront de travailler en équipe dans la mesure où ils se montrent capables de se relayer, de se faire confiance, de s'attribuer des tâches clairement définies. Il devient possible d'en faire davantage parce que les forces sont mises en commun, parce que les compétences et les personnalités se complètent. Ainsi, pendant que l'un anime, l'autre peut se consacrer à observer. Si les demandeurs sont plus nombreux, on a la possibilité de diviser le groupe en plus petites équipes pour offrir à chacun plus de temps de parole.

Mais il faut une bonne dynamique d'équipe pour faire face aux imprévus inévitables quand on donne la parole aux demandeurs. En cas de conflit ou de difficulté à travailler ensemble, la qualité du dialogue pastoral sera certainement compromise. Par exemple, les responsables pastoraux laisseront tomber des perches intéressantes tendues par les demandeurs ou n'arriveront pas à réagir adéquatement quand la dynamique du groupe de demandeurs pose problème. Ces derniers se ressentiront du malaise vécu par les animateurs, ce qui pourrait affecter leurs prises de parole. Ils craindront peut-être de se retrouver coincés entre l'arbre et l'écorce. Enfin, lorsque les responsables pastoraux animent une rencontre en équipe, ils s'exposent davantage au risque que les demandeurs décident de faire bloc contre eux.

## *La métaphore de l'offre et de la demande*

Depuis la fin des années quatre-vingt, les responsables pastoraux recourent fréquemment à la métaphore de l'offre et de la demande pour décrire leurs expériences de dialogue pastoral. Ils utilisent cette métaphore économique, qui adopte le langage du marketing et de la loi du marché, pour mettre en évidence le décalage entre leurs préoccupations et celles des personnes qui demandent des rites à l'Église. Cette image exprime un certain désarroi devant des points de vue ressentis comme franchement opposés, voire irréconciliables.

La métaphore de l'offre et de la demande s'avère pertinente dans la mesure où l'on n'oublie pas qu'il s'agit d'une image illustrant un aspect de la réalité et non d'un reflet complet de la rencontre des responsables pastoraux et des demandeurs. En effet, on constate la plupart du temps un véritable décalage entre les intentions des responsables pastoraux et celles des demandeurs. Leurs perceptions du rite demandé et leurs attentes au sujet de la célébration à venir sont souvent dissonantes, voire franchement opposées.

Caricaturons un peu la situation. Les demandeurs se soucient avant tout d'obtenir la cérémonie à laquelle ils prétendent avoir droit tandis que les responsables pastoraux s'inquiètent des motivations de la demande. Les demandeurs se préoccupent de l'organisation pratique de leur fête et de sa dimension familiale, alors que les responsables pastoraux veulent maximiser son caractère explicitement confessant et sa dimension ecclésiale. Les demandeurs se satisfont bien du dispositif rituel traditionnel hérité de l'époque de chrétienté, et souhaitent qu'il soit appliqué dans les règles. Pendant ce temps, les responsables pastoraux favorisent l'engagement conscient motivé par une forte conviction personnelle. « On se trouve donc presque inévitablement, au départ du processus, dans une situation objectivement conflictuelle. Il y a en effet conflit d'intérêts, au moins latent, entre les deux parties[10]. »

Toutefois, cette métaphore doit aussi être critiquée et remise en question. La situation ainsi décrite prend tous les accents de la « pastorale du reproche et du devoir-être » dénoncée par Jean-Marc Gauthier. En somme, la résistance des demandeurs aux prescriptions et aux exigences prend la figure d'une faute morale injustifiable, tandis que les responsables pastoraux se drapent dans la vertu de leur assiduité religieuse. Or, cette vertu apparente ne cache-t-elle pas parfois des attitudes moins nobles? « Les obstacles à l'évangélisation, dans une société sécularisée, ne sont pas tous à situer du côté de la surdité virtuelle de l'homme moderne. Il faut aussi faire apparaître les tonalités inaudibles de certains discours ou pratiques "évangélisateurs"[11]. » Dans la distance des croyants non pratiquants, ne peut-on reconnaître aussi une interpellation de l'Esprit aux communautés chrétiennes, un appel à la conversion pour nos Églises encore engoncées dans leurs atours de chrétienté?

En outre, les responsables pastoraux ne s'identifient pas seulement à l'offre, comme s'ils étaient « ceux qui offrent parce qu'ils possèdent, [...] les producteurs et les distributeurs des biens sacramentels[12] ». Contrairement à ce que suggère cette métaphore, ils sont eux aussi des demandeurs parce qu'ils reçoivent du Christ et de l'Église les biens symboliques que sont les sacrements. De leur baptême jusqu'à leur mort, ils se trouvent donc en situation de réception, pas seule-

10 CHAUVET, *Les sacrements*, p. 205.

11 José REDING, « Sécularisation et mentalités nouvelles », dans Jean PIROTTE (dir.), *Résistances à l'évangélisation. Interprétations historiques et enjeux théologiques*, Paris, Karthala, 2004, p. 119.

12 COMMISSION ÉPISCOPALE DE LITURGIE, *Pastorale sacramentelle.* 1. *Les sacrements de l'initiation chrétienne et le mariage*, Paris, Les Éditions du Cerf (coll. « Liturgie », 8), 1996, p. 20.

ment de don, même s'ils président des célébrations en tant que ministres ordonnés. Ils n'en sont en aucune façon les propriétaires ni les initiateurs.

Au même titre que les croyants non pratiquants, les responsables pastoraux ne peuvent que demeurer en quête de Dieu, sans cesse appelés à une transformation intérieure au souffle de l'Esprit. Et cet Esprit peut leur parler à travers les croyants non pratiquants qui sont comme eux des baptisés, membres du Corps du Christ. Leur ministère ou leur engagement en Église ne les met pas en pure position de face-à-face avec ceux qu'ils rencontrent dans le dialogue pastoral. Sans nier les différences ni les divergences qui les distancient les uns des autres, ils appartiennent malgré tout à la même société séculière et à la même Église. Ils reçoivent les mêmes dons gratuits de Dieu, ces dons qui constituent un débordement de son amour généreux, non pas une récompense pour des mérites accumulés.

Enfin, cette métaphore situe les biens symboliques que sont les rites et les sacrements dans la logique de l'échange de marché qui régit la vie économique[13]. L'échange de marché se centre sur les objets (biens et services) et leur circulation est régie par l'établissement consensuel d'une valeur. Celui qui veut posséder un bien doit donner à son propriétaire une somme d'argent ou un bien jugé équivalent. Étant donné la place considérable de l'échange économique dans les rapports sociaux, il est tentant de concevoir sous cette forme notre expérience des rites et des sacrements. Le rite se transforme alors en un bien quantifiable qu'on ne peut obtenir de l'Église et de Dieu qu'en échange des comportements, des attitudes et des discours jugés valables. La métaphore de l'offre et de la demande nous incite à considérer le dialogue pastoral comme une négociation où les responsables pastoraux cherchent à faire grimper les prix tandis que les demandeurs les houspillent pour obtenir les rites au rabais. Mais ceci donne libre cours au marchandage, au calcul, aux luttes de pouvoir et à la manipulation.

Pourtant, les rites et les sacrements appartiennent plutôt à l'univers de l'échange symbolique. L'objet n'y est pas considéré pour sa valeur quantifiable mais plutôt comme prétexte d'un échange entre les sujets. L'enfant offre à sa mère une fleur des champs qu'il a cueillie pour elle. La valeur marchande de cette fleur est quasi nulle. Mais elle émeut la mère, qui reçoit ce geste comme un témoignage d'amour. Devant la joie de sa mère qui prend sa fleur, l'enfant se sent lui-même reçu et aimé, il trouve là toute la gratification de son geste. Au contraire,

---

13 Au sujet de l'échange symbolique et de l'échange de marché, voir CHAUVET, *Les sacrements*, p. 133-143.

l'indifférence de la mère manifesterait l'absence de contre-don et peinerait l'enfant. Les sacrements et les rites situent justement notre relation à Dieu dans la logique de l'échange symbolique. Lorsque les responsables pastoraux se préoccupent du respect du sens du sacrement, on pourrait affirmer qu'ils se soucient finalement de la qualité de la réception du don de Dieu par les baptisés. Mais la réception et le contre-don ne s'obtiennent pas par la coercition, l'exigence, l'obligation et la contrainte. Le don de Dieu demeure gratuit et libre, en dépit des capacités limitées de tous les humains à le recevoir. Pour rendre justice à l'échange symbolique que Dieu veut établir avec nous dans les rites et les sacrements, il importe de se méfier des distorsions provoquées par l'usage répété de la métaphore de l'offre et de la demande.

*Relecture de mon expérience*

- Parmi les caractéristiques de la position de responsable pastoral, lesquelles suis-je capable d'assumer avec aisance? Quels aspects me semblent plus difficiles à assumer? Y en a-t-il d'autres que j'ajouterais à la description?
- J'essaie de me remémorer des occasions anciennes ou récentes où j'ai vécu le dialogue pastoral dans la position de demandeur. Comment cela s'était-il passé pour moi?
- Puis-je identifier des caractéristiques de la position de demandeur chez ceux et celles avec qui je suis récemment entré(e) en dialogue pastoral?
- Parmi les quatre configurations possibles du dialogue pastoral, lesquelles ai-je déjà expérimentées? Dans quelles situations me suis-je senti(e) à mon meilleur? Lesquelles ai-je moins appréciées? Pourquoi?

*Perfectionnement de ma pratique*

- J'écoute le film *Le mariage de l'année* (*My Big Fat Greek Wedding*), individuellement ou en groupe. Je fais l'effort de m'identifier au point de vue du jeune couple et de comprendre leur expérience. Quelles caractéristiques de la position de demandeur puis-je retrouver dans leur histoire?
- Je relis la parabole du bon Samaritain. Comment ce récit me parle-t-il de distance et de proximité? Comment m'interpelle-t-il dans ma pratique du dialogue pastoral?

*Chapitre 3*

# Progresser pas à pas

Nous venons de décrire et de caractériser les deux positions qu'adoptent les interlocuteurs d'un dialogue pastoral. Il est temps d'analyser maintenant le parcours qu'ils franchiront ensemble. Dans la conduite d'un dialogue pastoral, on distingue trois mouvements ou étapes caractéristiques : accueillir les personnes, opérer un discernement, favoriser une progression. Ces étapes seront décrites ici dans leur ordre logique. Toutefois, dans la pratique, elles se chevauchent et s'entremêlent. Il devient parfois impossible de déterminer à quel moment on est passé de l'une à l'autre, ou d'identifier un temps consacré exclusivement à l'une d'entre elles. Nous préciserons la cible de chacune de ces étapes et signalerons les pièges qui peuvent en compromettre l'atteinte. De cette manière, nous isolerons chacun des mouvements dans un but de clarification. Il s'agit d'essayer de comprendre la nature de nos actions, non pas de leur imposer une linéarité artificielle.

Cependant, nous commencerons la réflexion avec trois considérations générales qui s'appliquent à l'ensemble du processus et concernent donc chacun des mouvements du dialogue pastoral. D'abord, il s'agit d'accorder aux récits des demandeurs tout l'intérêt qu'ils méritent. Leur expérience, ressaisie dans le récit, forme un flot mouvant d'interactions et d'événements où le rite désiré trouve une place et un sens particuliers. Le récit joue un rôle central dans le déroulement du dialogue pastoral. Ensuite, il importe de se questionner sur la notion de croyances, leur rapport avec la foi et les conditions de leur modification chez une personne. Enfin, de nombreux facteurs de réussite et d'échec conditionnent l'issue d'un dialogue pastoral. Nous en énumérerons quelques-uns, tout en nous interrogeant sur nos images de la réussite ou de l'échec d'un dialogue.

### *Récits et rituels*

Dans la foulée de la réforme liturgique issue du concile Vatican II, on cherche désormais à rapprocher les célébrations sacramentelles de l'existence quotidienne. Bien que les rites soient des moments privilégiés provoquant un changement de rythme, on tend à ne les considérer signifiants que dans la mesure où on peut les relier à la vie courante. Il ne s'agit plus seulement de suivre fidèlement un programme rituel pour en assurer la validité, mais de veiller à ce que les mots et les gestes soient investis subjectivement par les personnes qui les accomplissent. On se soucie moins de conformisme que d'authenticité et de vérité.

Dans ce contexte, la notion d'expérience prend une importance singulière dans la théorie et la pratique du dialogue pastoral. Dans le monde pastoral, on parle fréquemment d'expérience religieuse, spirituelle ou chrétienne. On a tendance à comprendre l'expérience comme un événement ponctuel, particulièrement déterminant par son intensité et par l'interprétation croyante qu'on en fait après-coup. On dit couramment que l'expérience fait justement défaut aux demandeurs pour être en mesure d'habiter réellement le langage liturgique et de saisir le sens théologique du sacrement. On cherchera alors les moments de leur procurer ce qui leur manque, qu'on l'appelle expérience de Dieu, du Christ, de l'Église, de la foi ou de la liturgie. Or, une telle compréhension de la notion d'expérience se révèle inféconde et inopérante dans la pratique[1].

La notion pragmatiste de l'expérience, inspirée par John Dewey et George Herbert Mead, procure au dialogue pastoral une meilleure assise théorique et pratique. Plutôt que de s'intéresser aux événements ponctuels, aux états de conscience qu'ils provoquent et d'essayer d'en mesurer la teneur chrétienne, on élargit considérablement la perspective. L'expérience serait plutôt un flot mouvant et continu, un tissage complexe d'interactions des personnes avec l'environnement biologique, social et culturel où elles sont intimement intégrées. Les personnes et leur environnement se déterminent mutuellement en raison de leur interdépendance. On considérera alors l'expérience des demandeurs dans son ensemble, et non seulement par moments isolés. On cessera de compartimenter ce qui est d'ordre religieux chrétien et de le couper

---

1 Pour approfondir la réflexion sur la notion d'expérience, voir *La pastorale du baptême au Québec*, p. 89-97 et p. 188-198. Voir également Marcel Viau, *La nouvelle théologie pratique*, Montréal/Paris, Éditions Paulines/Les Éditions du Cerf, 1993, p. 25-70.

du reste. Au contraire, une demande de rite n'est compréhensible que si on la relie à toutes les autres dimensions de l'expérience, même celles qui en paraissent éloignées. Ce sont là plus que des détails contextuels. La dimension religieuse se comprend en rapport avec tous les domaines de la vie. Elle émerge du contexte global de l'existence.

On ne comprendra rien aux demandes de rites si on se contente de cuisiner les demandeurs à l'aide de questions très spécifiques sur leurs motivations et leur compréhension du sens d'un sacrement. Malheureusement, l'approche par questions a envahi depuis longtemps la pratique du dialogue pastoral, depuis l'accueil jusqu'à la célébration. Décontextualisées, les réponses des demandeurs semblent souvent minces, alors que ce sont les questions elle-mêmes qui ne permettent pas d'en révéler le poids existentiel.

En outre, l'approche par questions se montre habituellement normative et prescriptive. Elle cultive l'obsession de la « bonne réponse », celle que les responsables pastoraux rêvent d'entendre ou celle que les demandeurs croient devoir leur livrer. « Avez-vous remarqué, demandent Jean Vernette et Alain Marchadour, comment nos préoccupations propres nous amènent inconsciemment à opérer des choix *a priori* dans le vécu des personnes par le jeu de nos questions[2]? »

L'approche par questions renforce les résistances et les préventions des demandeurs à l'égard de l'Église : « la résistance de fond, chez beaucoup de gens, à tout ce qui prend figure de prescriptions jugées désormais insignifiantes; les comptes à régler avec tout ce qui, dans un passé plus ou moins récent, a pris figure de prescriptions de la part de l'Église[3] ». L'approche par questions nuit à la maturation de la foi des adultes, parce qu'elle perpétue une compréhension de l'adhésion croyante comme pure conformité à un ensemble d'énoncés doctrinaires, de préceptes moraux et de comportements religieux grégaires.

La notion pragmatiste de l'expérience constitue plutôt une forte incitation à privilégier le récit dans les échanges avec les demandeurs, à toutes les étapes du processus d'un dialogue pastoral. On leur offrira la possibilité de se raconter en leur accordant une écoute extrêmement attentive. Le récit peut dévoiler une part appréciable du tissu complexe d'interactions où vient se loger une demande de rite. Permettre aux demandeurs de se raconter, c'est emprunter la voie de l'inscription, « c'est-à-dire la possibilité d'inscrire son expérience positivement en prenant la parole et la possibilité que cette expérience soit reconnue

2 Jean VERNETTE et Alain MARCHADOUR, *Guide de l'animateur chrétien*, Limoges, Droguet-Ardant, 1983, p. 18.

3 GAUTHIER, « Une pastorale à refaire », p. 206.

comme valable et signifiante[4] ». Le récit permet à ceux et celles qui se racontent de se construire comme sujets humains et sujets croyants. En dialogue avec les responsables pastoraux et avec d'autres demandeurs, les personnes ont l'occasion d'enrichir et d'approfondir leur interprétation de leur demande et de leur trajectoire personnelle. Voilà qui contribue davantage à la maturation de la foi.

Enfin, il existe des affinités naturelles entre les récits et les rites. Potentiellement, les rituels religieux chrétiens forment un cadre privilégié où peuvent se rejoindre l'histoire du salut qui nous est donné par Dieu en Jésus Christ et les récits de vie des croyants en célébration, afin que ceux-ci puissent reconnaître la présence agissante de l'Esprit dans leur existence. Dans la réalité, on y échoue souvent, par inattention aux récits de la vie actuelle, par leur utilisation récupératrice et idéologique ou par incapacité de les connecter de manière signifiante avec le grand récit biblique[5]. Ainsi, la célébration deviendra plus signifiante non parce que les demandeurs en comprendront intellectuellement le sens théologique, mais parce qu'ils auront découvert le don de Dieu déjà présent dans les joies et les souffrances de leur histoire de vie, parce qu'ils saisiront en quoi tel récit biblique et tel symbole liturgique parlent également du sens de leur vie.

Finalement, la notion pragmatiste d'expérience permet de redéfinir considérablement le processus global du dialogue pastoral. Nous sommes interpellés à passer du prescriptif à l'inscriptif et des questions pointues aux récits, en nous intéressant à l'ensemble du flot de l'expérience et pas seulement à ce qui relève explicitement du domaine religieux. Maintenant, comment cela affecte-t-il notre manière de concevoir les croyances?

### *Modifier ses croyances?*

Dans le monde pastoral, on a tendance à concevoir les croyances comme une série d'opinions philosophiques et religieuses sur le réel et le sens de l'existence humaine. On isole ainsi les croyances de la même manière qu'on réduit l'expérience à un certain nombre d'événements ponctuels. De plus, on établit une distinction ferme entre les croyances et la foi au sens théologal. Ces conceptions coupent artificiellement la foi et les croyances du flux continuel d'interactions formant l'expé-

---

4 GAUTHIER, « Une pastorale à refaire », p. 206.

5 Voir Herbert ANDERSON et Edward FOLEY, *Mighty Stories, Dangerous Rituals. Weaving Together the Human and the Divine*, San Francisco, Jossey-Bass, 1998, p. 42-44.

rience. Ce faisant, elles manquent de pertinence pour la théorie et la pratique du dialogue pastoral[6].

Pour les penseurs pragmatistes et néo-pragmatistes, les croyances sont nécessaires aux humains pour survivre. Chaque jour, il faut entreprendre des actions, faire des choix, déterminer des règles de conduite. Pour parvenir à agir, il est indispensable de prendre un parti. Les croyances forment les points d'appui des actions. Sans elles, les humains demeurent paralysés par l'indécision, en état de déséquilibre. La persistance d'un tel état de doute met en danger la survie physique, psychique, sociale et spirituelle des humains. Comme l'expérience met sans cesse les individus en mouvement et en recherche, les croyances ne sont jamais définitives. Elles forment un système vivant et complexe où s'intègrent les croyances religieuses. Ces dernières contribuent, comme les autres croyances et en solidarité avec elles, à la survie des personnes. De même, la foi fait partie de l'univers des croyances au sens large, elle s'intègre dans le système des croyances d'un individu.

Si les croyances de tous ordres constituent des outils indispensables à la survie, les individus ne les remettent donc pas facilement en question. On modifie son système de croyances uniquement par nécessité, quand celles qu'on a ne suffisent plus à assurer notre survie biologique, psychique, sociale, spirituelle. Qui mettrait sa survie en jeu rien que pour la beauté du risque? En outre, comme les croyances forment un système, c'est l'équilibre d'ensemble qu'il faut reconsidérer lorsqu'on touche à une croyance. Plus une croyance s'avère structurante pour l'ensemble du système, moins on sera enclin à la modifier.

Aux prises avec l'intensité de leurs aspirations, les responsables pastoraux se méprennent fréquemment sur ce qui peut pousser les demandeurs à modifier leur système de croyances. Depuis trente ans, on a tendance à s'imaginer qu'il s'agit avant tout de convaincre par le raisonnement, de lever des objections, de fournir des réponses crédibles aux interrogations des demandeurs et d'obliger ceux-ci à la cohérence et à la logique. Le désir d'évangéliser est investi massivement dans le dialogue dialectique, avec les résultats décevants que l'on sait. On croit aussi que la force émotive du témoignage personnel, chargée à bloc d'un grand désir de rendre ses convictions communicatives, peut toucher les plus récalcitrants. Or, on ne modifie pas ses croyances parce que quelqu'un nous a convaincu qu'il avait raison, mais parce que notre système actuel ne répond plus aux besoins du présent. Si les demandeurs sentent que leurs croyances actuelles (religieuses et non

---

6 Pour approfondir la réflexion sur la notion de croyances, voir *La pastorale du baptême au Québec*, p. 100-109 et p. 211-224. Voir également VIAU, *La nouvelle théologie pratique*, p. 219-269.

religieuses) leur permettent de vivre de façon satisfaisante, pourquoi donc les remettraient-ils en question? Au contraire, l'insatisfaction et l'inconfort les pousseront à l'approfondissement, à la recherche et au questionnement.

On ne s'aventure pas impunément sur le terrain des croyances des autres. La modification des croyances ne se brusque pas. Les responsables pastoraux qui privilégient la confrontation et cherchent par tous les moyens à ébranler les demandeurs ne s'arrogent-ils pas un pouvoir énorme et n'exercent-ils pas une forme de violence? Au projet d'évangéliser, ne faudrait-il pas ajouter un respect sacré des demandeurs, de leur conscience et de leur système de croyances? Ces considérations sur la notion de croyance et la modification des croyances influenceront à coup sûr notre réflexion sur les étapes du dialogue pastoral, spécialement sur le discernement à opérer et la progression à favoriser. Elles nous obligent de toute façon à nous interroger sur les images que nous nous faisons, consciemment ou inconsciemment, de la réussite ou de l'échec d'une expérience de dialogue pastoral.

### *Facteurs de réussite et d'échec*

Dans le dialogue pastoral se rencontrent des individus façonnés par leur histoire de vie, leur héritage familial, leur sensibilité personnelle, leur milieu socioéconomique, leur culture, leur formation, leur cercle d'amis, leurs antécédents religieux, etc. Chacun y arrive en portant tout un bagage qui conditionne ses réactions, souvent sans le recul permettant de situer et relativiser ses perceptions. De plus, les responsables pastoraux comme les demandeurs se croisent à un moment précis de leur existence, qui marque chaque personne d'une manière différente. S'agit-il d'un moment heureux ou malheureux de leur vie? Quel est leur état de santé et leur état d'esprit? Quels sont les soucis de l'heure? Quels événements viennent de survenir ou risquent de le faire? Considérons en outre les préjugés, les blocages, les préférences et les répugnances spontanées, les antipathies et les sympathies qui se révèlent dès les premières minutes du contact.

Ainsi, d'innombrables facteurs internes influencent toujours l'amorce, le déroulement et la conclusion du dialogue entrepris. Ces facteurs préexistants forment un réseau riche et complexe dont nous n'apercevons généralement que quelques bribes dans le feu de l'action. Pourtant, les facteurs internes aux individus en présence jouent un rôle capital, quel que soit le contenu de l'échange en lui-même. Ils déterminent en grande partie le caractère froid, chaleureux ou conflictuel du dialogue. Volontairement et involontairement, ils donnent naissance aux attitudes adoptées par les personnes.

Il faut également compter avec les facteurs externes : l'heure et le lieu de la rencontre, le temps disponible à l'agenda, les conditions météorologiques (chaleur, froid, tempête), l'acoustique d'une pièce et sa disposition, les événements marquants de l'actualité. Tous ces éléments peuvent faciliter la rencontre ou nuire à son déroulement.

Parmi cette multitude de facteurs, plusieurs échappent au contrôle des responsables pastoraux alors qu'ils peuvent agir sur certains autres. Par exemple, on peut modifier la disposition et l'éclairage d'une pièce pour la rendre plus propice à la conversation ou à l'échange en groupe. Mais que peut-on changer aux événements de l'actualité qui détournent notre attention ou nous préoccupent? Parmi les facteurs internes, les responsables pastoraux n'ont aucune emprise sur l'histoire de vie, la culture d'origine, la sensibilité et les antécédents religieux des demandeurs qu'ils rencontrent. Toutefois, ils ont du pouvoir sur leur propre attitude à l'égard de ce qu'ils ne contrôlent pas. Ils peuvent s'en plaindre, s'en irriter ou apprendre de bon gré à composer avec.

En fait, les responsables pastoraux n'ont de prise que sur leurs propres facteurs internes. Il leur appartient d'évaluer leurs attitudes, de prendre conscience de leurs conditionnements et de leurs préjugés, d'identifier leurs forces et leurs limites. Il est indispensable que les responsables pastoraux mettent tout l'effort possible à améliorer leurs approches et leurs attitudes, en faisant preuve d'autocritique mais sans se dénigrer. Voilà un travail continu d'autoévaluation et de perfectionnement pastoral, qui constitue un véritable horizon de cheminement spirituel et de maturation humaine. Mais il y a aussi une part de nous-même qui nous échappe, sur laquelle les efforts de bonne volonté ont peu d'effet. Par exemple, certaines personnes ou certaines situations nous mettent en contact avec des blocages et des vulnérabilités personnelles si importantes qu'on sera incapable d'écouter et d'offrir une présence de qualité. Dans les pires des cas, il vaut mieux passer lucidement le relais à un ou une collègue plutôt que de s'obstiner en dépit de tout.

Les facteurs qui peuvent faciliter ou compromettre le dialogue pastoral se révèlent suffisamment nombreux et complexes pour que les responsables pastoraux doivent se questionner sur leurs attentes. Quand considèrent-ils qu'une rencontre a réussi ou échoué? Espèrent-ils l'atteinte de résultats bien déterminés, comme des paroles et des comportements spécifiques de la part des demandeurs? Plus leurs attentes s'avèrent élevées et précises, plus les responsables pastoraux s'exposent aux déceptions répétées. En outre, cultiver des attentes de ce genre limite sérieusement la capacité d'accueillir l'inédit, l'imprévu, bref tout ce qui se présente en dehors des schémas établis. Au contraire, les responsables pastoraux sont-ils désenchantés au point de s'attendre au pire à chaque rencontre? Sont-ils persuadés d'avance que leur labeur est vain et qu'il n'y a rien à faire avec les demandeurs? Dans un état d'esprit semblable, la partie est perdue avant d'avoir été jouée. Il s'agit de maintenir des attentes réalistes tout en cultivant l'espérance et la confiance en l'Esprit saint, de prendre ses responsabilités sans croire que tout ne dépend que de soi.

Les attentes des responsables pastoraux ne sont pas toutes formulées explicitement. Certaines se cachent dans l'implicite de leurs pensées et de leurs paroles. Par exemple, combien souhaitent secrètement obtenir des demandeurs qu'ils « reviennent à la messe », en dépit de tout le détachement manifesté extérieurement. Cette attente peut traduire toutes sortes d'émotions et de pensées, dont la déception, le ressentiment, la nostalgie. Inconsciemment, elle peut saboter la volonté de respecter la liberté de conscience des demandeurs ainsi que transformer le témoignage sincère en tentative de récupération. Les responsables pastoraux ont donc avantage à oser s'avouer leurs attentes implicites, afin d'éviter les contradictions entre leur langage verbal, leurs attitudes et leur langage non verbal. Ces contradictions génèrent un profond malaise en eux-mêmes et minent leur crédibilité auprès des demandeurs.

La réussite d'un dialogue pastoral tient sans doute davantage de la manière dont on en vivra le processus que de l'atteinte d'un résultat conforme à des normes établies. N'est-il pas primordial de veiller avant tout à la qualité humaine et spirituelle de l'échange, quelle qu'en soit l'issue? Dans ces conditions, de nombreux échecs apparents peuvent être considérés comme des réussites. Imaginons, par exemple, qu'un couple parvienne à faire la vérité sur ses doutes et ses hésitations au sujet du baptême de leur enfant, au point de remettre sa décision à plus tard. Si le dialogue pastoral leur a permis de s'exprimer honnêtement sans crainte de représailles et de faire un authentique effort de clarification, ne s'agit-il pas au fond d'une réussite, même s'il n'y a eu ni décision, ni sacrement, ni retour à l'Église?

### *Un parcours en trois mouvements*

La visée relationnelle et la visée évangélisatrice du dialogue pastoral se réalisent avant tout dans la façon de vivre le processus. Les trois étapes ou mouvements que nous allons décrire ne constituent en rien un parcours linéaire qu'il faudrait franchir à tout prix dans l'ordre et jusqu'au bout. On souhaitera bien sûr se rendre aussi loin que possible, mais seulement dans la mesure où il s'agit d'une véritable progression des demandeurs dans le respect de leur conscience. Répétons que, dans la pratique, ces étapes logiques se chevauchent, s'accomplissent parfois simultanément ou dans un mouvement de va-et-vient. On pourra concevoir une animation franchissant successivement chacune de ces étapes mais, dans la réflexion des demandeurs et la circulation des échanges, ils ne s'imbriquent pas de manière univoque.

### *Accueillir les personnes*

Le mouvement qui ouvre le dialogue pastoral est celui de l'accueil. Il se produit (ou ne se produit pas) dès les premiers contacts, même les plus anodins. L'entrée dans le mouvement de l'accueil n'attend pas le mot de bienvenue avec lequel on commence une rencontre. En font partie jusqu'aux conversations anecdotiques lors d'une demande de renseignements par téléphone ou dans le corridor avant la rencontre. Il s'agit d'accueillir les personnes avec tout ce qu'elles sont, dont leur demande de rite ou de sacrement. D'un point de vue pastoral, il semble plus réducteur de parler de l'accueil des demandes elles-mêmes plutôt que de l'accueil des personnes qui demandent.

L'accueil constitue une responsabilité importante et fondatrice pour toute personne croyante et *a fortiori* pour tout responsable pastoral, quel que soit son rôle, sa fonction, son ministère. On n'en rappellera jamais trop l'importance. « Accueillir est ainsi une démarche originale qui appelle l'Église à revenir sans cesse à ce qu'elle doit être : signe de Salut pour les hommes. Qui nous provoque à prendre en compte ces "choses nouvelles" que l'Esprit nous dit par la bouche des gens avec lesquels nous cheminons[7]. » Le personnel de soutien contribue également à l'étape de l'accueil de manière significative. Très fréquemment, les responsables pastoraux prennent le relais des bases déjà posées par les secrétaires et les réceptionnistes qui leur ont préparé le terrain.

Lors de l'accueil, les responsables pastoraux et le personnel de soutien sont tenus de veiller à l'établissement d'un climat favorable, en tenant compte de tout ce sur quoi ils ont de la prise (leurs propres facteurs internes et bon nombre de facteurs externes). L'accueil pose les fondations de la communication entre les interlocuteurs. C'est le début d'une tentative d'apprivoisement mutuel. Mais l'apprivoisement ne se produit que graduellement. En entrevue comme dans l'animation d'un groupe, il importe d'y mettre tout le temps nécessaire, en évitant

---

7 VERNETTE et MARCHADOUR, *Guide de l'animateur chrétien*, p. 30.

d'entrer trop vite dans le vif du sujet, mais sans insister ni prolonger indûment de peur de créer un malaise. Dans le cas d'un dialogue pastoral en groupe, il faut accorder aux demandeurs le temps de faire connaissance entre eux, informellement avant le début de la rencontre et aussi dans le premier temps de l'animation. Avec un peu d'attention, on peut sentir intuitivement si l'on brusque l'autre en s'introduisant trop vite dans sa bulle.

On cherchera donc à respecter le rythme de l'autre et aussi son propre rythme. S'il est bon de souhaiter établir des relations chaleureuses, on ne gagnera rien à imposer à l'autre, ou à s'imposer soi-même, une familiarité prématurée. Les demandeurs peuvent se montrer plus distants que l'on aurait voulu pour une foule de raisons qui ne tiennent pas nécessairement aux responsables pastoraux qu'ils rencontrent. À cet égard, les responsables pastoraux doivent exercer leur jugement afin de reconnaître ce qu'ils peuvent améliorer et de le départager des facteurs internes qui n'appartiennent qu'aux demandeurs.

Dès l'étape de l'accueil, les responsables pastoraux ont besoin de faire appel à leurs capacités d'écoute et d'observation. Pour apprendre à connaître les demandeurs, ceux-ci doivent avoir l'occasion de s'exprimer et sentir que l'on s'intéresse à eux sincèrement. Il faut commencer par leur donner la parole, sans quoi ils se cantonneront probablement au silence. Grâce à leur intuition et leurs observations attentives, les responsables pastoraux pourront essayer de repérer s'il y a des obstacles à l'accueil. Certains obstacles proviennent peut-être de leurs propres attitudes ou de leurs préjugés. Dans certaines situations, ils pourront y remédier dans l'immédiat, mais devront creuser la question ultérieurement. Les obstacles de l'accueil peuvent provenir des appréhensions des demandeurs : peur d'être jugés, rejetés, déconsidérés, crainte de ne pas être à la hauteur, malaise lié à leur situation matrimoniale ou leur absence de pratique dominicale, etc. Ce sont des craintes qui peuvent être désamorcées très rapidement par les responsables pastoraux dans les premiers temps d'une entrevue ou d'une rencontre de groupe, entre autres par le biais de l'humour. Parfois, ces craintes se manifestent sous le couvert de l'agressivité. Reconnaître l'insécurité qui s'exprime à travers l'agressivité permet d'éviter de répondre sur le même ton et de moins se sentir attaqué personnellement.

En solidarité avec les responsables pastoraux, le personnel de soutien doit lui aussi développer des trésors d'écoute et de patience. À la réception des appels, on reçoit par moments des manifestations de colère, des mouvements d'humeur, des revendications, des signes d'impatience ou d'insatisfaction. Cultiver le calme et la bienveillance envers ceux et celles qui adressent une demande à l'Église, même les plus exaspérants, constitue un défi quotidien dont l'enjeu est de taille :

celui d'incarner une Église accueillante, ouverte et soucieuse de toute personne.

Il est fréquent que quelques facteurs internes aux demandeurs posent des obstacles à l'accueil : préjugés à l'égard de l'Église, mauvaises expériences du passé, situation de vie difficile dans le présent, etc. Quand les responsables pastoraux sont en mesure de détecter le problème, il leur faut évaluer ce qu'ils peuvent faire. Parfois, il suffit de témoigner aux gens que l'on est capable de les accueillir avec ce qu'ils vivent et avec ce qui les indispose : cette attitude parvient dans certains cas à dédramatiser et à faire tomber la tension. Parfois, ce sera l'humour, la patience ou le silence qui favorisent le franchissement de ces obstacles à l'accueil. Mais il faut avouer qu'il existe des situations où l'on n'y peut strictement rien, et où l'on s'efforce d'agir au mieux en dépit de la difficulté qui perdure.

Les responsables pastoraux, tout comme le personnel de soutien, ne choisissent pas les demandeurs qu'ils accueillent, mais il leur revient de mettre en œuvre leurs ressources pour les recevoir avec le meilleur d'eux-mêmes, en toute bonne foi. Il serait absurde et désastreux de demander l'impossible aux responsables pastoraux et au personnel de soutien. Néanmoins, il existe des attitudes qui ne pardonnent pas et dont il faudrait s'abstenir. Le mépris fait partie de ces pièges de l'accueil. Toute personne doit être considérée comme sacrée, puisqu'elle est créée par Dieu à son image et aimée de lui, quelle que soit l'étendue de ses blessures ou de ses fermetures. Faire preuve de mépris, ridiculiser ou dénigrer une autre personne constitue un comportement inacceptable et un contre-témoignage pernicieux de la part d'une personne qui agit au nom de l'Église.

Écoutons ces paroles fortes du dominicain Pierre Claverie : « Une certaine suffisance rend impossible toute reconnaissance, tout respect. C'est cette attitude qui tend à assujettir l'autre au lieu de le reconnaître et de l'accueillir. Nous nous retranchons dans la vérité objective et nous demandons à l'autre de se soumettre à notre vérité au lieu de chercher un terrain où nous pourrions, ensemble, mettre en commun nos vérités. Laisser l'autre exprimer la sienne, le laisser être. C'est le respect[8]. » Et Claverie de citer en exemple l'attitude de Jésus lui-même, qu'il qualifie d'homme libre et libérant. Jésus se rendait proche de personnes qui subissaient un dur jugement de la société et de la religion juive de son temps : Zachée, la Samaritaine, la femme adultère, etc. Il les a rencontrées en s'abstenant de toute forme de jugement

8 Pierre CLAVERIE, *Petit traité de la rencontre et du dialogue*, Paris, Les Éditions du Cerf, 2004, p. 40-41.

ou de condamnation : « La miséricorde se moque du jugement » (Jn 8, 1-11).

À force de rencontrer des demandeurs, il est certainement tentant de les catégoriser, de leur apposer rapidement une étiquette, de finir par percevoir derrière chaque nouveau visage des cas de figure au lieu de personnes en chair et en os. Ce piège de l'accueil dissimule subtilement une absence d'écoute de l'autre sous les dehors avenants d'une bonne poignée de main. L'écoute se fait sélective, elle isole la demande du tissu mouvant de l'expérience de cette personne, elle se ferme aux surprises de l'Esprit saint. Les demandeurs se voient alors dépersonnalisés par une « machine ecclésiale » qui n'a plus rien à envier au ronron de la bureaucratie. Les responsables pastoraux eux-mêmes finissent par s'ennuyer ferme lorsqu'ils tombent dans ce piège.

Enfin, il arrive que des responsables pastoraux accueillent les demandeurs avec une méfiance systématique. Ils sont persuadés que les demandeurs ne cherchent qu'à obtenir un sacrement au rabais et se prêtent à toutes les formes de manipulation pour y parvenir sans rencontrer trop d'opposition. D'emblée, ils présument de l'inauthenticité des demandeurs, qu'ils posent comme une loi générale à laquelle on ne trouve que rarement des exceptions. Cette attitude constitue un piège redoutable, qui détruit toutes les bases du dialogue pastoral. Comparons-la à l'attitude d'une personne jalouse qui soupçonne son amoureux ou sa dulcinée. Dans cet état d'esprit, tous les comportements adoptés par l'autre deviennent des indices potentiels de trahison. Les protestations de la personne soupçonnée n'y changeront rien, puisque la personne jalouse la croit capable de mensonge éhonté et de dissimulation. C'est un cercle vicieux, une distorsion cognitive sans issue. Il en est de même dans le dialogue pastoral. Les responsables pastoraux qui tombent dans ce piège deviennent aussi incapables de discernement qu'une personne jalouse.

L'antidote à ce problème réside dans la pratique de ce qu'on appelle le « principe de charité[9] ». C'est très simple : pour parvenir à communiquer, deux interlocuteurs doivent postuler au départ que l'autre dit vrai et qu'il croit tout ce qu'il énonce. Ils doivent également prendre les paroles de l'autre au sérieux, c'est-à-dire les prendre en considération au présent sans se prononcer définitivement à leur sujet pour le moment. Il s'agit d'une pétition de principe consciente, et non de crédulité ou de naïveté. Pour parvenir à savoir si l'autre dit vrai, il

---

9 Au sujet du « principe de charité », voir Donald DAVIDSON, *Inquiries Into Truth and Interpretation*, Oxford, Oxford University Press, 1984, p. 125-139 et p. 183-198; « The Structure and Content of Truth », dans *Journal of Philosophy*, vol. 87, n° 6 (juin 1990), p. 279-328.

est nécessaire de présumer de sa bonne foi, à moins d'avoir la nette démonstration du contraire. En deçà de la bienveillance de l'accueil réservé à l'autre, le « principe de charité » est une condition minimale d'intelligibilité sans laquelle le dialogue et le discernement s'avèrent absolument impossibles. C'est dans cet esprit que Yves Congar décrivait le sens du dialogue : « Reconnaître l'autre comme un autre, aimer l'autre tel qu'il est, et non pas comme un être à conquérir, consentir à ce qu'il soit différent, en face de moi, sans essayer d'empiéter sur la vérité de sa conscience et de sa recherche, sans faire jouer mes motifs de réserve avant ma confiance[10]. »

On le voit bien, l'étape de l'accueil se révèle déterminante pour la pratique du dialogue pastoral. Celui-ci peut se voir compromis s'il se présente au départ des obstacles insurmontables ou si l'on néglige d'aplanir ceux sur lesquels on a de la prise. Toujours indispensable, le mouvement de l'accueil n'est jamais terminé. Il forme la toile de fond sur laquelle les autres mouvements pourront se déployer.

### *Opérer un discernement*

L'échange s'est amorcé entre les responsables pastoraux et les demandeurs. La glace est brisée. Il devient possible d'aller plus loin, c'est-à-dire d'entrer dans le mouvement du discernement. L'accueil a concentré les responsables pastoraux sur la visée relationnelle, mais ils s'apprêtent à tenir compte plus explicitement de la visée évangélisatrice en abordant cette nouvelle étape. On entre dans un effort de clarification et de questionnement, afin que les demandeurs parviennent à s'approprier davantage le sens de leur demande et afin qu'ils confirment ou modifient leur décision en assumant vraiment leur liberté. Ils doivent se situer plus clairement par rapport à la proposition de sens donné au sacrement ou au rite demandé dans la tradition de foi chrétienne, ainsi que par rapport à la démarche pastorale concrète proposée là où ils font leur demande.

Depuis la période post-conciliaire, on a souvent conçu le discernement comme un diagnostic que devaient poser les responsables pastoraux, un genre de verdict qu'ils rendaient aux demandeurs après avoir évalué et jugé leur situation. Le matraquage de questions dont nous avons parlé dans les premières pages de ce chapitre correspond tout à fait à cette vision du dialogue pastoral. D'ailleurs les demandeurs perçoivent bien la dynamique en jeu quand ils craignent qu'on leur passe un examen où ils risquent d'échouer et d'être recalés. De

---

10 Yves Congar, *Chrétiens en dialogue*, Paris, Les Éditions du Cerf (coll. « Unam Sanctam », 50), 1964, p. 2.

plus, entretenir la crainte d'un verdict décevant pour les demandeurs ne contribue en rien à l'établissement d'un climat d'échange franc et sain, comme l'écrit Louis-Marie Chauvet :

> *Se décrisper par rapport à l'objet de la demande, cela signifie que l'entretien pastoral ne doit pas être grevé par la question de son issue : baptême ou pas; mariage ou pas…* […] *Sauf exception bien sûr, la crainte chez les demandeurs que le baptême ou le mariage ne leur soit, en fin de compte, refusé risque d'obnubiler constamment leur esprit. En tout cas, elle risque bien de les rendre indisponibles pour l'essentiel : l'accueil de l'Évangile comme Bonne Nouvelle pour eux aujourd'hui*[11].

À l'origine de cette conception, on trouve, d'une part, le souci de se faire gardien du sens du sacrement, et d'autre part, une vision très directive du rôle des prêtres auprès de leurs « fidèles ». Or, cette manière de voir les choses pose de sérieux problèmes. D'abord, pour parvenir à poser un diagnostic de ce genre sans tomber dans l'arbitraire ou l'abus de pouvoir, il faudrait pouvoir en quelque sorte mesurer la foi des gens, jauger leur degré de sincérité, sonder précisément l'écart entre leurs affirmations plus ou moins maladroites et leur véritable sentiment intérieur. Mais ces opérations sont à toute fin pratique impossibles. Pour y parvenir, il faudrait disposer d'un point de repère extra-langagier accessible à tous, afin d'arbitrer les différences entre les manières dont s'expriment les individus.

Cependant, il nous est aussi impossible de sortir du langage que d'échapper à notre corps et à notre individualité. Le langage permet aux humains de se construire dans leur rapport au monde et à eux-mêmes. Tous nos points de référence sont ancrés dans le langage, en solidarité avec une culture et un univers social précis. Nous devons tenter de nous dépêtrer à travers la multiplicité des modes d'expression, sans point de référence qui leur soit extérieur et donc sans grille d'équivalences objective. Autrement dit, il est impossible de diagnostiquer la situation de foi d'une autre personne pour rendre à son sujet un supposé verdict. On ne peut avoir accès directement à la foi intérieure d'une personne. Tenter de le faire, c'est prétendre adopter la position de « l'œil de Dieu », et donc s'attribuer un pouvoir démesuré tout en s'imposant un fardeau accablant.

S'il est problématique de prétendre discerner *pour* les demandeurs, en revanche, on peut certainement tenter de discerner *avec* eux. Lorsqu'on pense pouvoir discerner pour eux et à leur place, ils deviennent de purs objets passifs qui attendent que les responsables pastoraux,

---

11 CHAUVET, *Les sacrements*, p. 208.

seuls vrais sujets actifs, leur disent à quoi s'en tenir. Cette manière de procéder se révèle finalement très infantilisante, même si on affirme tout haut souhaiter responsabiliser les demandeurs. Au contraire, les demandeurs deviennent au moins potentiellement des sujets actifs et responsables quand ils entrent à leur tour dans l'aire du discernement. Discerner avec les demandeurs signifie que les responsables pastoraux leur donnent des balises et les accompagnent dans cette démarche de réflexion qui les incite à effectuer une plongée en eux-mêmes.

Pour ce faire, les demandeurs doivent disposer de toute l'information nécessaire et se sentir à l'aise de poser aux responsables pastoraux leurs questions de clarification sans se sentir jugés ni censurés. C'est le temps de bien expliquer la démarche à venir, les modalités de la préparation et de la célébration. Il est également utile de leur proposer des instruments, comme des grilles, des questionnaires (dans la mesure où on les interprète avec eux et non à leur place), des textes bien choisis, des documents audiovisuels. Les récits et les témoignages rendus par d'autres personnes contribuent souvent à aider les demandeurs : ils leur suggèrent des mots qu'ils n'auraient pas trouvé, livrés à eux-mêmes, mais qui leur correspondent bien.

À l'étape du discernement, l'écoute attentive conserve toute son importance. Il est tentant mais dangereux de sauter trop vite aux conclusions, de terminer les phrases à la place des demandeurs, de remplir de bonnes paroles chaque minute de silence. Si l'on veut que les demandeurs participent au discernement, il est impératif de leur accorder un temps de parole suffisant, en acceptant simplement qu'il leur arrive de chercher leurs mots, de s'exprimer maladroitement, de tâtonner, d'hésiter à parler, de conserver parfois le silence. Leur accorder un bon temps de parole ne signifie pas pour autant qu'on doive les contraindre à parler.

En outre, les responsables pastoraux sont ici tenus de rendre compte de ce que proposent l'Église locale (paroisse, unité pastorale, diocèse) et la tradition de foi chrétienne pour vivre le sacrement ou le rite en question. Parfois cette proposition est très large, mais il arrive qu'elle soit plus structurée (catéchuménat, catéchèse aux enfants). Quoi qu'il en soit, les responsables pastoraux ont tout avantage à ne pas se contenter de donner des renseignements factuels mais à s'efforcer d'expliquer le sens profond de la proposition de manière crédible et avec conviction personnelle. En effet, le projet local repose sur des convictions, sur une sagesse de l'expérience chrétienne. L'offrir suppose qu'on croit à la bonté et aux bienfaits de ce que l'on offre. Encore faut-il s'assurer des qualités humaines et spirituelles de nos offres pastorales! En fait, il est moins heureux d'insister sur ce que l'on exige des gens que sur ce que l'on veut leur offrir et sur le don gratuit de Dieu. La première attitude pousse les demandeurs à se protéger. Elle donne l'impression que l'Église s'est transformée en bureaucratie tatillonne acharnée à ennuyer les gens. Comment un discours d'exigence pourrait-il être reçu comme une Bonne Nouvelle? La deuxième attitude les invite au départ à découvrir une richesse encore insoupçonnée. Dans ce contexte, les responsables pastoraux pourront s'exercer sans relâche à affirmer leurs convictions avec authenticité mais sans violence[12].

Dans le mouvement du discernement, les responsables pastoraux ne sont-ils pas envoyés témoigner de leur foi, rendre compte de leur espérance et annoncer une Bonne Nouvelle à toute personne? C'est parce qu'ils sont habités par l'Esprit et enracinés dans une longue tradition spirituelle qu'ils peuvent offrir un accompagnement, servir de guide, donner des balises qui soient éclairantes et donneuses de vie. Malheureusement, on cède souvent au réflexe d'enseigner, ce qui ne correspond ni à la dynamique du dialogue pastoral ni à celle du témoignage. Une parole dépersonnalisée et vidée de tout élan du cœur laisse habituellement les demandeurs indifférents. Toutefois, le témoignage ne se limite pas à l'expression sincère de sa foi personnelle et de la foi de l'Église. Il s'agit tout autant d'être capable de reconnaître le don de Dieu dans la vie des demandeurs et de leur partager humblement ce que l'on voit. Cette conception du témoignage traverse de part en part le livre des Actes des Apôtres, si l'on en croit le bibliste Louis Panier :

> *Les Apôtres ne sont pas d'abord les diffuseurs d'un message (d'un discours) sur la résurrection de Jésus, qu'il faudrait enseigner au monde. La mission n'articule pas le groupe ecclésial de ceux qui savent au monde de ceux qui ne savent pas, la bonne nouvelle n'est pas une information à connaître. Les Apôtres ne sont pas « témoins de la résurrection », au sens où il leur faudrait raconter ce qu'ils ont vu (ils ne racontent d'ailleurs pas leurs souvenirs). Mais ils sont témoins des effets de la parole parmi les hommes, effets qui peuvent être signifiés et nommés par la résurrection. Ils font dans le monde œuvre d'interprétation plus qu'ils ne disposent d'un savoir à diffuser auprès des ignorants*[13].

---

12 Pour approfondir sa réflexion sur l'affirmation sans violence, on peut consulter avec profit le livre de Thomas D'ANSEMBOURG, *Cessez d'être gentils, soyez vrais! Être avec les autres en restant soi-même*, Montréal, Éditions de l'Homme, 2001, 249 p.

13 Louis PANIER, « Portes ouvertes à la foi. La mission dans les Actes des Apôtres », dans *Lumière et vie*, n° 205 (1991), p. 109-110.

Les responsables pastoraux sont donc interpellés à jouer ce rôle d'interprète auprès des demandeurs. La parole de Dieu annoncée « consistera souvent à élucider et reconnaître que le Don de Dieu, la "grâce", est déjà à l'œuvre au cœur de cet homme. Pour qu'il puisse dire avec Jacob : "Le Seigneur était là, et je ne le savais pas"[14]. »

Enfin, discerner avec les demandeurs implique qu'on respecte ce que leur dicte leur conscience, même quand on ne partage pas leur point de vue. Par exemple, il peut être pertinent de dire, dès le début du discernement, qu'on n'entre pas dans cette étape pour discréditer la décision qu'ils ont prise jusqu'à présent, mais parce ça ne va plus de soi d'être chrétien aujourd'hui, il faut aujourd'hui prendre le temps de donner un fondement solide à ses choix en matière religieuse.

### *Favoriser une progression*

La progression correspond à l'exploration des futures démarches à entreprendre et à la prise de décision à leur sujet. Elle est intimement reliée au discernement. Ces deux mouvements s'imbriquent l'un dans l'autre et se répondent mutuellement. Logiquement, la progression repose sur la base du discernement effectué, dans la mesure où il faut savoir d'où l'on part pour avoir une certaine idée du chemin à parcourir. Pour plusieurs demandeurs, le simple fait d'entrer sérieusement dans le mouvement du discernement constitue souvent un grand pas en avant. Toutefois, on franchit parfois ces deux étapes simultanément, en passant plus d'une fois de l'une à l'autre. À mesure que la situation se clarifie, on choisit les démarches à venir.

La progression peut emprunter diverses formes, puisqu'elle est toujours relative au point de départ des demandeurs. Pour plusieurs, la progression prendra simplement la forme de la préparation de la célébration, suivant la démarche offerte par l'Église locale. Avec un consentement éclairé et une plus grande liberté, les demandeurs participeront à la rencontre ou à la série de rencontres proposées. Dans les cas où l'on demande aux parents de prendre une part active dans la formation chrétienne de leur enfant, ils prendront à leur manière la responsabilité qu'on leur confie. Par exemple, leur progression se remarquera à l'acceptation de la démarche (au moins pour donner la chance au coureur), de meilleures dispositions, une attitude plus ouverte, un intérêt plus marqué, une meilleure communication avec les responsables pastoraux, etc. En outre, un petit nombre pourront manifester le désir d'approfondir leur foi, par exemple dans le cadre d'un chemine-

---

14 VERNETTE et MARCHADOUR, *Guide de l'animateur chrétien*, p. 31.

ment pour personnes qui recommencent à croire, d'une série de rencontres sur la spiritualité ou la Bible, etc.

Pour d'autres, la progression coïncidera avec la décision de reporter la célébration afin de poursuivre la réflexion. D'autres encore se sentiront capables de choisir de ne pas vivre de célébration à l'Église et préféreront peut-être vivre un autre type de célébration non religieuse ou non sacramentelle, s'ils jugent que cela convient mieux à leurs convictions et à leur cheminement. Même si ces expériences de dialogue pastoral n'aboutissent pas à une catéchèse ou à une célébration, les demandeurs seront tout de même parvenus à s'exprimer en vérité, à respecter leur conscience et à mieux assumer leur liberté en matière religieuse, peut-être jusqu'à résister aux pressions de leur entourage. Il s'agit véritablement d'une progression, qu'il faut pouvoir reconnaître sans mesquinerie et en résistant aux tentatives de récupération de ces personnes. Toutefois, certains responsables pastoraux qui en ont la capacité se sentiront peut-être à l'aise de guider quelques demandeurs vers d'autres types de célébrations.

À l'étape de la progression, les demandeurs se déplacent par rapport à leur position initiale. Mais les responsables pastoraux sont invités à faire de même. S'ils se cantonnent avec rigidité à leur proposition de départ, ils se montrent incapables de faire preuve de l'ouverture qu'ils attendent des demandeurs. Ils doivent faire preuve de souplesse, attitude qu'il faut différencier du désir de plaire à tout prix ou de se plier aux petits caprices de tout le monde. La souplesse s'enracine dans de solides convictions, mais aussi dans le jugement et dans un véritable souci des autres. Il importe de développer la capacité de lâcher prise sur l'accessoire pour s'attacher à l'essentiel, de préférer l'esprit à la lettre et de faire preuve d'empathie. Il faut parfois faire beaucoup de concessions sur les modalités pour rendre accessible aux demandeurs le sens profond d'une démarche ou d'un parcours.

Les responsables pastoraux sont donc invités à faire preuve d'imagination et de créativité afin de prendre l'initiative de propositions adaptées aux demandeurs. Les pastorales de l'époque de chrétienté ressemblaient à des autoroutes dont toutes les entrées et les sorties étaient balisées, où passaient de larges cohortes d'individus du même âge à l'occasion d'un même événement de leur vie à la fois sociale et religieuse. Nous n'en sommes plus là, même si plusieurs pratiques pastorales conservent encore ce genre de structure devenue anachronique. Les conditions de la vie chrétienne aujourd'hui nous poussent à créer des réseaux de sentiers où peuvent cheminer des individus dont les antécédents et l'âge diffèrent. Au lieu de grandes cohortes, nous formerons de petits groupes. Au lieu de structures complexes, rigides et lourdes à gérer, nous revenons à plus de simplicité. La capacité d'adapter nos propositions et d'en varier les modalités constitue une exigence de pertinence par rapport au contexte ecclésial présent, et non pas un sacrifice superficiel aux modes sociales.

Les propositions des responsables pastoraux suggèrent de nouveaux pas à faire et dessinent donc un horizon de dépassement, proportionné à l'intérêt et au rythme des demandeurs. Lorsqu'on consent de bon gré à cheminer avec les gens à partir de leur propre point de départ, quel qu'il soit, on a plus de chances de progresser ensemble, dans un processus d'interpellation mutuel. D'une part, les demandeurs interpellent les responsables pastoraux à découvrir l'Évangile hors des sentiers battus, à s'ouvrir aux surprises de l'Esprit saint et à aimer davantage les autres comme Jésus l'a fait. D'autre part, les responsables pastoraux interpellent les demandeurs : « Accepter les gens tels qu'ils sont est nécessaire mais non pas suffisant. En même temps qu'on les accueille, on peut leur faire percevoir un appel : un appel à aller plus loin, à s'ouvrir à ce qui leur reste inconnu. [...] Il s'agit de maintenir ouverte la possibilité d'une découverte ultérieure, d'un progrès[15]. » En fait, il est question d'éveiller le désir, tout en lui laissant l'espace de se déployer.

Cet éveil du désir s'accomplit mystérieusement. Il surgit dans des circonstances improbables et ne se produit pas forcément au moment où on le croyait imminent. Les responsables pastoraux s'en croient habituellement responsables, alors que cela se produit plutôt à leur insu. Il leur revient de tendre des perches, mais ils ne peuvent en aucune façon deviner qui les saisira, ni quand, ni comment. Tout cela leur échappe. Combien tombent dans le piège d'essayer de provoquer chez l'autre une expérience spirituelle. Il faut avouer que, depuis quarante ans, la pastorale liturgique s'est en partie construite comme si cela était possible. Les responsables pastoraux se mettent alors à la recherche de ce qui pourrait « faire vivre une expérience » aux demandeurs, comme s'ils pouvaient trouver le bon « bouton déclencheur » pour bouleverser le cœur des autres et leur faire pressentir la présence divine. Trop souvent, les responsables pastoraux se comportent comme s'ils se sentaient tenus de parvenir à convertir les demandeurs, comme ils en avaient le devoir et même le pouvoir. Or, la réalité du dialogue pastoral les oblige sans cesse à se heurter à l'impossibilité d'y parvenir. Peut-on s'étonner du découragement et de la déception qui s'ensuivent?

---

15 Commission Épiscopale de Liturgie, *Pastorale sacramentelle. 1. Les sacrements de l'initiation chrétienne et le mariage*, p. 21.

Il est tout simplement impossible de provoquer une expérience spirituelle chez une autre personne, pas plus d'ailleurs que pour soi-même. L'expérience spirituelle surgit en dehors de toute commande, de manière fortuite et gratuite. Quand on l'a accueillie avec émerveillement et gratitude, inutile de rêver de la reproduire à volonté. La beauté de l'instant de lumière est fugitive, même si ses effets retentissent à long terme. Nous avons énuméré plus haut un grand nombre de facteurs qui influencent la réceptivité et les perceptions d'un individu. Ces facteurs varient énormément d'une personne à l'autre. Ce qui touche l'une rebutera l'autre. La complexité des personnes et des relations humaines fait obstacle à l'idée qu'on pourrait trouver en elles un « bouton déclencheur » de cette sorte. Il est vrai que la ferveur ou la profondeur de certaines personnes se révèle parfois contagieuse, mais cela se produit souvent à leur insu. La parole qui réconforte ou qui éclaire a été prononcée sans que son auteur imagine l'effet qu'elle produirait.

Plus encore, il est nécessaire de se méfier d'un tel désir. Il risque de dissimuler une volonté de manipuler les autres et d'exercer un pouvoir sur eux. Peut-être s'agit-il au fond d'une version adoucie de l'embrigadement que les demandeurs craignent tellement de subir de la part des responsables pastoraux? D'ailleurs, dans le mouvement de la progression, la tentation de forcer la main des demandeurs demeure omniprésente. À cet égard, nous sommes fortement interpellés en tant que baptisés, et plus encore en tant que responsables pastoraux. Où trouver un antidote à cette tentation, sinon dans la fréquentation assidue de l'Évangile et dans l'ouverture à l'Esprit qui change nos cœurs de pierre en cœurs de chair?

> *Ceux qui croient pouvoir [imposer dieu] grâce à leur détermination, leur conviction et même leur enthousiasme, voire leur simple volonté, ne portent qu'une cause vide, désertée par dieu. Car c'est leur conviction, leur détermination et leur volonté qu'ils portent, exposent et magnifient. Ils font de dieu une opération humaine à l'égal de convictions philosophiques, morales ou politiques. Emportés par leur zèle missionnaire, ils brandissent leur croyance, sans se rendre compte que leur fierté donne à leur visage un masque de conquérant, à leur enthousiasme celui du fanatisme, à leur énergie celui du sectarisme*[16].

Le Dieu annoncé par la vie, la mort et la résurrection de Jésus le Christ ne se veut-il pas discret et invisible, nu et sans armes? Ne renonce-t-il pas sciemment à toute forme de contrainte et de coercition? C'est un véritable abandon de puissance qui nous est demandé,

---

16 Olivier Le Gendre, *Les masques de Dieu*, Sainte-Foy, Anne Sigier, 1994, p. 50.

pour demeurer fidèles à celui en qui nous mettons notre foi. Dieu respecte infiniment la liberté des femmes et des hommes qu'il crée et qu'il soutient dans l'existence. Sans cesse, il nous invite à entrer en alliance avec lui, mais dans son amour immense, il se fait vulnérable à notre refus. Il prend librement le risque d'être ignoré, méconnu, incompris. À nous, ses disciples, il demande d'accomplir la mission de révéler son amour sous la forme d'une « invitation perpétuelle, sans amertume, sans exaspération, sans volonté de puissance, sans lassitude, sans revendication[17] ».

Enfin, quand le désir semble s'éveiller chez certains demandeurs, il est préférable d'éviter de leur donner une catéchèse en accéléré. À la moindre manifestation d'intérêt, ne se sentant plus de joie et d'enthousiasme, qui n'aurait le goût de faire découvrir à l'autre l'étendue de ce qu'il ignore encore et qui pourrait changer sa vie? Céder à ce genre d'impulsion aura probablement pour résultat d'étouffer l'autre, de lui enlever la possibilité de découvrir les choses sous la poussée de son propre désir et à son rythme. « Défendons-nous alors de décider des chemins qui mèneront, croyons-nous, quelqu'un vers Dieu. Au lieu de boulonner les rails, il faut déployer un grand terrain libre où l'homme puisse marcher (faire des "démarches", des expériences)[18]. »

* * *

Ainsi, les trois mouvements de l'accueil, du discernement et de la progression situent encore plus clairement le dialogue pastoral par rapport à d'autres situations de communication comparables évoquées au premier chapitre. Le dialogue pastoral permet aux personnes de s'orienter et d'effectuer un choix aussi éclairé que possible avant d'entrer véritablement dans une démarche catéchétique ou dans la préparation d'une célébration. C'est un temps d'aiguillage, de mise au point. Si l'on verse dans la discussion, le discernement est bloqué parce qu'on se limite trop aux questions générales traitées à la troisième personne sans entrer sur le terrain des choix personnels des demandeurs. Si l'on transforme la rencontre en partage, les responsables pastoraux perdent la possibilité de susciter la réflexion et de proposer de nouvelles avenues. Si le dialogue pastoral se convertit en vente, le processus peut être compromis de la première à la dernière étape. Toutefois, un dialogue pastoral réussi pourrait éventuellement être suivi par l'entrée dans un accompagnement spirituel ou catéchétique en bonne et due forme, ou même dans une relation d'aide.

---

17 Le Gendre, *Les masques de Dieu*, p. 52.

18 Vernette et Marchadour, *Guide de l'animateur chrétien*, p. 28.

En cherchant à comprendre les mouvements qui composent le dialogue pastoral, nous avons déjà réalisé la nécessité de clarifier le statut et le rôle du langage à travers le processus. Il nous faut maintenant poursuivre la réflexion dans cette direction, dans le but de nous doter d'outils spécifiques pour manier avec plus d'aisance l'argile des mots et des phrases, la matière première de nos pensées et de nos discours.

*Relecture de mon expérience*

- Je relis ce chapitre « Progresser pas à pas » avec d'autres personnes qui pratiquent le dialogue pastoral dans mon milieu. Quels passages me rejoignent ou me dérangent le plus? Quels aspects de ma pratique actuelle sont confirmés? Y en a-t-il que je me sens appelé(e) à réviser?
- M'est-il arrivé qu'on utilise à mon égard l'approche par questions, en pastorale ou dans d'autres contextes? Quelles réactions cela a-t-il suscitées en moi? Ensuite, j'imagine que je déménage dans un milieu où je ne connais personne et où je vais demander un sacrement. Comment est-ce que je réagirais si l'on se mettait à me poser des questions insistantes sur ma motivation à demander ce sacrement?
- M'est-il arrivé qu'on utilise à mon égard la confrontation directe, en pastorale ou dans d'autres contextes? Quelles réactions cela a-t-il suscitées en moi? Ensuite, j'imagine que je déménage dans un milieu où je ne connais personne et où je vais demander un sacrement. Comment est-ce que je réagirais si l'on m'accueillait sous mode de confrontation directe?
- Je relis mes expériences passées de dialogue pastoral à la lumière de la Prière de sérénité : « Mon Dieu, donnez-moi la sérénité d'accepter les choses que je peux changer, le courage de changer celles que je peux et la sagesse d'en connaître la différence. » Quelles sont les choses que j'aurais pu changer et celles que je devais accepter? Comment puis-je tirer profit de cette sagesse dans mes prochaines expériences de dialogue pastoral?
- Quels sont mes propres obstacles intérieurs à l'accueil des demandeurs? Est-ce relié à certains types de demandeurs en particulier? Quels moyens employer pour m'aider à surmonter ces obstacles personnels?

*Perfectionnement de ma pratique*

- Comment s'y prendre pour encourager les demandeurs à se raconter, en respectant leur besoin de discrétion? Je fais un inventaire de moyens à mettre à l'essai dans l'entretien individuel ou dans la rencontre de groupe. J'en discute avec les membres de mon équipe.
- Je fais l'inventaire des moyens de discernement dont je dispose déjà et que je pourrais proposer aux demandeurs. M'en faudrait-il d'autres? Idéalement avec mon équipe, j'essaie de créer de nouveaux instruments de discernement pertinents (grilles, questionnaires, textes, récits, documents audiovisuels, etc).
- Je lis le chapitre « Dieu invisible » du livre d'Olivier Le Gendre, *Les masques de Dieu* (Sainte-Foy, Anne Sigier, 1994, p. 47-53), dans la solitude ou en groupe. Comment ce texte m'interpelle-t-il dans ma pratique du dialogue pastoral? Comment nous interpelle-t-il dans notre paroisse, notre unité pastorale, notre diocèse?

*Chapitre 4*

# L'argile des mots

Jusqu'à l'époque du concile Vatican II, on attendait des demandeurs qu'ils adoptent le vocabulaire et le discours appris par répétition au catéchisme. Dans ce contexte, nul besoin d'entrer en conversation avec les demandeurs de rites. Au besoin, on vérifiait leur conformité aux bonnes formules, qu'il fallait restituer telles quelles. Ces formulations précises émanaient, croyait-on, directement de l'autorité divine représentée par la hiérarchie de l'Église. Les répéter, c'était faire montre de soumission à cette autorité. Ce faisant, on méconnaissait à quel point le langage de la tradition chrétienne est un vaste tissu d'interprétations et de conversations tenues depuis des siècles.

L'émergence du dialogue pastoral manifeste une prise de distance avec ce modèle plutôt autoritaire et rationaliste hérité de la Contre-Réforme et du concile de Trente. En effet, l'entrée en dialogue avec les demandeurs ne devient nécessaire que dans la mesure où l'on s'intéresse à la manière dont les baptisés s'approprient (ou non) leur tradition religieuse d'origine. Pour sortir du conformisme d'autrefois, on cherche à privilégier l'authenticité, la reformulation personnelle des grands énoncés de foi, la capacité de s'exprimer à la première personne à partir du fond de soi. On ne s'attend donc plus à recevoir la formule consacrée mais à reconnaître à travers un langage personnel les traits fondamentaux de la foi de l'Église. On espère ainsi que les mots des demandeurs de rites reflèteront leurs convictions les plus intimes.

Voilà un déplacement considérable, qui affecte la vie interne de l'Église aussi bien que sa relation avec la culture ambiante. Mais le passage n'est pas terminé. Combien de demandeurs croient qu'on attend encore d'eux la répétition de la « bonne formule », et combien de responsables pastoraux tentent justement d'obtenir d'eux la « bonne réponse ». De plus, la recherche d'un langage authentique fait apparaître de nouvelles questions auxquelles il n'est pas simple de répondre. Le langage des demandeurs correspond-il vraiment à leur conviction intérieure? Quel est le rapport entre ce que ceux-ci disent et ce qu'ils pensent ou croient vraiment? Si les paroles des demandeurs ne sont pas pleinement transparentes, doit-on d'emblée les considérer comme trompeuses et s'en méfier systématiquement? Dans quelle mesure peut-on les prendre au sérieux? Et si les mots sont trompeurs, peut-on essayer d'aller saisir plus directement ce qui se passe dans le for intérieur de ces gens?

Dans le dialogue pastoral, comment travailler avec l'argile des mots? Pour approfondir notre réflexion à ce sujet, nous commencerons ce chapitre par quelques clarifications importantes sur l'inévitable matérialité du langage. Ensuite, nous nous familiariserons avec deux outils d'observation du langage : la « grammaire de Dieu » et quelques ponts entre langage séculier et langage religieux.

## *L'inévitable matérialité du langage*

La recherche de l'authenticité dans l'expression des convictions personnelles, qui joue un rôle non négligeable dans la pratique du dialogue pastoral, a pour effet de créer de fortes attentes à l'égard du langage. Dans une quête de transparence qui confine à l'absolu, les responsables pastoraux souhaitent parfois que les mots jouent le rôle de révélateurs infaillibles de la transcendance. Ils s'efforcent de tout dire et tout expliquer, quitte à tomber dans la surenchère. Inconsciemment, ne désirent-ils pas qu'on puisse lire leur âme sur leurs lèvres, et qu'ils puissent faire de même lorsque les demandeurs s'expriment?

Or, la pratique régulière du dialogue pastoral leur révèle l'immense difficulté de se dire et de se faire entendre, de s'écouter mutuellement, de se décrypter, de se comprendre. Abondent les malentendus, la confusion, les silences opaques, les perches tendues en vain. Saint Augustin s'en désolait déjà il y a mille cinq cent ans : « Moi-même, je suis presque toujours insatisfait de ce que je dis : je voudrais quelque chose de mieux, que je savoure intérieurement avant de l'exprimer par la parole, et quand je reconnais que mon langage n'est pas à la hauteur de ma pensée, je m'attriste de ce que ma langue ne se montre pas à la mesure de mon cœur. Je désirerais que tout ce que j'ai dans l'esprit passât dans celui de mon auditeur, et je sens que ma parole n'y parvient pas[1]. »

---

1 AUGUSTIN, « La catéchèse des débutants », dans *Le catéchuménat des premiers chrétiens*, A.-G. HAMMAN, éd., Paris, Migne/Diffusion Brépols (coll. « Les Pères dans la foi », 60), 1994, p. 30-31.

Chez certains, le désir idéaliste de la transparence se transforme en découragement : puisque le langage ne dit pas tout, c'est donc qu'il ne dit rien et qu'il faut le compter pour négligeable. L'idéalisme prend alors une autre forme : l'espoir à peine formulé de parvenir à percevoir le cœur des gens. Cet espoir se heurte cependant à la réalité : si Dieu peut sonder les reins et les cœurs, quelque chose nous échappe sans cesse chez l'autre et nous rend impossible une telle perception directe et immédiate. En dépit de son imperfection, le langage demeure un véhicule incontournable et indispensable. On ne peut pas sauter pardessus pour aller directement à ce qui habite les gens, à ce qu'ils pensent et croient. Il en est du langage comme de nos corps et de la matière qui forme notre monde. Il faut composer avec leur matérialité, c'est-à-dire avec les possibilités qu'ils ouvrent et avec leurs limites inévitables. À défaut de s'évader de notre condition incarnée, nous sommes provoqués à l'assumer pleinement, dans la lignée de l'Évangile.

Au centre de cette recherche passionnée d'authenticité repose une conception implicite du langage qui pose en vis-à-vis le for intérieur des individus et les mots qu'ils choisissent pour en parler. Le langage constituerait essentiellement l'expression verbale du soi intérieur animé de pensées et d'émotions. En définitive, tout ne se passerait qu'entre les objets (ou les événements) et notre activité mentale. Au départ, il y aurait des sensations et des idées, sur lesquelles nous mettrions du langage dans un deuxième temps, avant de le communiquer finalement à autrui. Imaginons que je ressente une vive souffrance, en raison de la perte d'un être cher par exemple. D'après cette petite théorie implicite, « quand je suis en état de souffrance, j'ai d'abord la pensée d'être souffrant, que je mets en mots et finalement je trouve quelqu'un à qui la communiquer[2] ».

Il est vrai que cela se passe fréquemment ainsi. Mais cette manière de voir les choses est nettement insuffisante.

Un processus semblable ne se produit que lorsque nous sommes capables d'identifier nos sensations. Contrairement aux idées reçues, nous n'en avons cependant pas de connaissance immédiate. Comme le fait remarquer le philosophe Ludwig Wittgenstein[3], cette connaissance est le fruit d'un long apprentissage commencé aux premiers mois de la vie. Pour qu'un être humain soit capable de penser « je souffre », il a fallu qu'il soit baigné dans le langage dès ses premiers vagissements.

---

2 Fergus KERR, *La théologie après Wittgenstein*, Paris, Éditions du Cerf (coll. « Cogitatio Fidei », 162), 1991, p. 26.

3 Voir en particulier Ludwig WITTGENSTEIN, *Tractatus logico-philosophicus,* (suivi de) *Investigations Philosophiques*, Gallimard, 1961, n° 244, p. 211, n° 335, p. 232, et n° 384, p. 245.

Ses parents ou ceux qui en jouent le rôle ont commencé par tenter de nommer ce qui causait ses pleurs et ses cris, avant de lui apprendre à reconnaître et à nommer les sensations de la souffrance, la faim, la tristesse, puis à déterminer la manière de se comporter dans ces situations. La souffrance ne peut exister qu'à partir du moment où l'on maîtrise le concept de souffrance. Sans langage, les sensations demeurent informes, indifférenciées.

Dans notre conception implicite du langage, nous situons la communication avec les autres plutôt au terme du processus. Or, c'est dans les interactions verbales avec les autres que nous découvrons peu à peu les matériaux dont sera construit notre vocabulaire intime. Et il en est de même pendant tout le cours de nos existences. Dans la conversation avec les autres et l'immersion dans la culture commune, chaque individu puise des éléments qui contribuent à structurer ses pensées et ses émotions. Entre le for intérieur et les objets, il y a un troisième terme : le tissu social.

Appliquons maintenant ces considérations au langage des personnes qui font à l'Église la demande d'un rite ou d'un sacrement. Leur langage n'est donc pas le pur reflet de leur for intérieur. Il se trouve aussi en interaction avec celui des autres personnes qui les ont entourées. Il reflète en partie ce qu'elles ont vu et entendu dans leur famille immédiate et élargie, leur milieu professionnel, leur parcours scolaire, leur cercle d'amis, les milieux scolaires et ecclésiaux qu'elles ont fréquentés, les médias, leurs lectures, etc. À travers cette pléthore d'interactions et d'influences, les demandeurs ont trouvé ce qui les structure actuellement, mais ils ont dû également apprendre au moins partiellement à se situer personnellement.

Fût-il embryonnaire ou élaboré, rudimentaire ou raffiné, leur langage en matière religieuse constitue le produit d'un apprentissage. Plus ils ont déjà « appris à parler » en matière religieuse, que ce soit en famille, à l'école ou à l'église du coin, plus leur langage sera structuré. Pour guider les demandeurs dans le discernement et favoriser leur progression, les responsables pastoraux doivent devenir de fins observateurs des indices permettant d'identifier leur bagage religieux et d'en tirer des pistes à explorer avec eux. Il leur faut composer de toute façon avec les acquis des demandeurs, dont certains constituent des points d'appuis dans le discernement et le cheminement, tandis que d'autres posent des obstacles, des blocages. Tous les acquis pertinents, si minces soient-ils, méritent d'être renforcés et valorisés, surtout chez les personnes qui se sentent incompétentes en matière religieuse. En fonction des acquis, on peut aussi évaluer ce qui serait accessible à chacun et ce qui lui serait inaccessible, afin d'ajuster son niveau de discours, choisir des exemples plus pertinents, faire preuve de pédagogie. Enfin, l'observation attentive aide à reconnaître les zones sensibles et les limites à ne pas franchir, de manière à ce que les demandeurs se sentent autant que possible respectés et non pas brusqués.

Au contraire, certains demandeurs n'ont pratiquement pas « appris à parler » en matière religieuse. Ils peinent à trouver des mots pour se situer et s'exprimer. Il faut éviter d'en déduire que la dimension religieuse et spirituelle de leur vie est inexistante. Tant qu'ils ne trouvent pas les mots pour se raconter, il nous est impossible de le vérifier. On ne peut en aucune façon avoir un accès direct à ce qui les habite pour l'identifier à leur place ni identifier pour eux les mots qui leur correspondent. Nous avons tout intérêt à abandonner le fantasme de lire dans leur âme mieux qu'eux-mêmes. Quoi qu'il en soit, aider les gens à se situer et à trouver les mots justes, ce n'est pas leur imposer notre propre vocabulaire. Il s'agit de les guider dans la recherche des mots qui leur conviennent, lorsqu'ils n'arrivent pas à les trouver sans ce soutien. Pour y parvenir, il importe de les mettre en contact avec de nouveaux repères langagiers, de manière adaptée, simplifiée, sans surcharge, sous la forme de témoignages, de textes, de réponses aux questions qu'ils ont pris l'initiative de formuler. À force d'entendre parler le langage de la tradition chrétienne, actualisé et habité de l'intérieur par des personnes qui le comprennent, il leur devient possible d'essayer de se comprendre eux-mêmes à partir des mêmes repères.

Le dialogue pastoral devient alors une forme d'écoute et d'accompagnement pour assister les gens dans la quête des mots qui permettent de différencier ce qui demeurait informe ou indifférencié pour eux, en tout ou en partie. En tant que représentants du monde ecclésial, familiers de la culture contemporaine autant que de la tradition chrétienne, les responsables pastoraux sont appelés à jouer le rôle de « pontifes », c'est-à-dire de « constructeurs de ponts entre les langages d'Église et les langages séculiers. Ils doivent produire une parole qui circule dans les deux sens[4] », ce qui exige entre autres « de partir [de ses propres convictions] comme d'une expérience originelle permettant de parler aux autres, dans la reconnaissance et le respect de leur propre expérience[5] ».

Mais comment s'y prendre? Comment chercher les indices susceptibles de nous donner une idée des acquis des demandeurs? Et comment intervenir en tenant compte de ces indices? La grille de la « grammaire de Dieu » constitue à cet égard un instrument de travail utile.

---

4 Raymond Lemieux et Jean-Paul Montminy, *Le catholicisme québécois*, Québec, Éditions de l'IQRC, 2000, p. 124.

5 Lemieux et Montminy, *Le catholicisme québécois*, p. 126.

## *La « grammaire de Dieu »*

L'expression « grammaire de Dieu » est inspirée de la réflexion du philosophe Ludwig Wittgenstein sur le langage dans ses *Investigations philosophiques.* Pour Wittgenstein, il existe de nombreux « jeux de langage » imbriqués dans différentes « formes de vie » ou activités humaines. Wittgenstein donne plusieurs exemples de « jeux de langage » : « Commander, et agir d'après des commandements. Jouer du théâtre. Chanter des "rondes". Deviner des énigmes. Faire un mot d'esprit; raconter. Solliciter, remercier, maudire, saluer, prier[6]. » La signification des mots et des phrases prononcés dans les situations courantes de la vie n'est ni stable ni définitive. Elle évolue avec le mouvement même de la vie sociale et fluctue en fonction des multiples « jeux de langage » auxquels nous participons dès que nous ouvrons la bouche. C'est l'usage et le contexte qui rendent les mots vivants. C'est uniquement à travers l'espace des interactions sociales qu'ils prennent sens.

Les jeux d'enfants sont constitués de règles plus ou moins nombreuses et complexes. Il en est de même pour les « jeux de langage ». En parlant, on respecte tacitement un certain nombre de règles qui forment une « grammaire ». Par exemple, quand on visite le médecin, c'est la règle de décrire longuement ses malaises avec force détails et précisions. Mais cette manière de s'exprimer paraît déplacée dans d'autres circonstances comme le repas familial, la soirée de danse ou la réunion de travail.

Aux yeux de Wittgenstein, la théologie est en quelque sorte une grammaire :

> *Luther a dit que la théologie est la grammaire du mot « Dieu ». J'interprète ceci dans le sens qu'une investigation du mot serait une investigation grammaticale. Par exemple, des gens peuvent discuter à savoir combien Dieu avait de bras, et quelqu'un pourrait entrer dans la discussion en niant que l'on puisse parler de bras de Dieu. Ceci jetterait de la lumière sur l'utilisation du mot. Ce qui est ridicule ou blasphématoire montre aussi la grammaire du mot*[7].

Le théologien Fergus Kerr commente : « Alors la théologie comme grammaire est la description patiente et appliquée de la façon

---

6 WITTGENSTEIN, *Tractatus*, n° 23, p. 125.

7 Ludwig WITTGENSTEIN, *Wittgenstein's Lectures Cambridge 1932-1935*, Alice AMBROSE, éd., Oxford, Blackwell, 1979, p. 32. Voir aussi les *Investigations philosophiques,* n° 373, p. 243.

dont nous parlons de Dieu, quand il nous faut le faire[8]. » Nous pouvons extrapoler cette affirmation : toute personne qui parle de Dieu (mais aussi de l'Église, des sacrements, de la Bible et de tout autre élément de la tradition chrétienne) respecte des règles inculquées dans les différents contextes où elle a parlé et entendu parler de Dieu. Il existe une multitude de « jeux de langage » dans le monde de la religion et de la spiritualité. Chaque individu qui parle de Dieu et de la religion adopte les « jeux de langage » imbriqués dans les « formes de vie » et les activités où il les a appris. Parmi ces formes de vie, on trouve entre autres la catéchèse, la prière, les conversations familiales, la liturgie, les reportages dans les médias, les romans et le cinéma.

Revenons maintenant au dialogue pastoral. D'une part, les responsables pastoraux respectent une « grammaire de Dieu » forgée à travers leur éducation chrétienne, leurs groupes d'appartenance, mais aussi à travers leur formation théologique et dans le milieu pastoral local où ils œuvrent. De même, les demandeurs se conforment à la « grammaire de Dieu » acquise dans les circonstances où ils en ont entendu parler. Si tel est le cas, cela signifie que les responsables pastoraux sont en mesure de retracer, dans un premier temps, les grandes lignes de leur propre « grammaire de Dieu » personnelle, aux confluents de toutes les formes de vie où ils ont pratiqué des jeux de langage religieux. Tout cela est l'objet d'un apprentissage et d'une structuration si profonde que les règles suivies demeurent le plus souvent inconscientes et prennent la figure d'une évidence. Pourtant, il n'en est rien. Il est utile et pertinent que les responsables pastoraux prennent un peu de recul par rapport à leur propre expérience et réalisent que leur langage religieux est toujours contextualisé. Une telle relativisation de son propre langage permet de décanter l'essentiel et de se rendre plus réceptif à l'expérience des autres.

Dans un deuxième temps, les responsables pastoraux sont en mesure d'essayer de comprendre les règles de « grammaire de Dieu » que suivent les demandeurs lorsqu'ils s'expriment en matière religieuse. Les demandeurs parlent de questions religieuses en se conformant d'emblée à ce qu'ils croient être la bonne façon de faire. Les indices recueillis fournissent autant de pistes intéressantes sur les « jeux de langage » et les « formes de vie » où les demandeurs ont puisé ces règles.

Pour procéder à ce travail d'écoute de soi et des autres, j'ai conçu une grille d'observation (voir l'annexe 1 en page 103), avec laquelle nous allons maintenant nous familiariser. Cette grille propose

---

8 Kerr, *La théologie après Wittgenstein*, p. 202.

plusieurs catégories de règles susceptibles de structurer la « grammaire de Dieu » d'une personne. Les catégories sont regroupées en quatre blocs : les traditions familiales, les éléments de tradition chrétienne, les autres traditions religieuses et la critique des traditions.

Voici d'abord quelques indications sur la manière d'utiliser la grille d'observation de la « grammaire de Dieu ». Pour tenter de repérer soi-même les règles de sa « grammaire de Dieu » personnelle, la grille fait figure de questionnaire. En s'arrêtant à chacune des catégories de règles, on essaie de se souvenir d'événements, de personnes et de lieux marquants, et des conversations qu'on a eues et entendues à ces occasions. De quelle manière avons-nous été influencés par des personnes significatives et quelles règles en avons-nous retenues? Il est souvent fructueux de laisser vagabonder sa pensée sans faire trop d'efforts conscients, puis ensuite d'écrire ce qui monte de la mémoire récente ou plus ancienne.

Pour l'utiliser dans ses interventions pastorales, il s'agit simplement de la lire et de la relire régulièrement avant de rencontrer des personnes. La fréquence compte ici plus que la durée de la lecture ou les efforts de concentration et de mémorisation. Plus les catégories nous en deviennent familières, plus on reconnaîtra d'indices au fil des conversations. Il serait cependant inapproprié de se servir de cette grille comme questionnaire pour les demandeurs ou de la garder à vue pendant que l'on écoute parler les gens. La grille doit être considérée comme un instrument pour se former à l'écoute, et non pas comme un formulaire à remplir. En fait, on pourrait la comparer aux guides sonores qu'emploient les amateurs d'oiseaux pour apprendre à reconnaître leurs chants. Les ornithologues amateurs écoutent leurs enregistrements de chants d'oiseaux fréquemment, mais ils les laissent chez eux les jours d'expédition. Toutefois, leur écoute répétée les rend capables d'identifier sur-le-champ plusieurs des oiseaux qu'ils entendent. Mais à la différence de l'identification des oiseaux, le repérage des indices de la grammaire de Dieu des personnes rencontrées permet simplement de commencer à formuler des hypothèses sur leur expérience religieuse, leurs milieux d'insertion, leurs réseaux d'influence. Ces hypothèses permettront d'ouvrir et d'élargir la conversation, d'ajuster son approche à l'autre, mais elles auront toujours besoin d'être vérifiées. Explorons maintenant les quatre blocs des règles de la « grammaire de Dieu. »

## *Les traditions familiales*

De nombreuses familles conservent des traditions reliées aux rites religieux. Plusieurs n'en gardent que le strict minimum, tandis que d'autres y font des ajouts de leur cru. Ces traditions prennent souvent la forme de règles de conduite à observer. Par exemple, certaines familles jugent inconcevables qu'un enfant ne soit pas baptisé ou ne reçoive pas sa première communion. Une injonction intérieure leur rend ces rituels nécessaires pour qu'une nouvelle vie se déroule de manière humainement acceptable. D'autres familles ne peuvent imaginer le mariage que dans une église : un mariage célébré ailleurs ou autrement ne serait pas perçu comme un véritable mariage.

Le respect des rites et des étapes qui jalonnent l'existence s'enrichit parfois de coutumes exclusives. On trouve ainsi des robes de baptême, des chapelets et des crucifix transmis de génération en génération, des robes de baptême cousues dans la robe de mariée de la mère ou de la grand-mère, des rituels d'adieux accomplis au salon funéraire (par exemple, une famille endeuillée dont les membres boivent ensemble un verre en s'appuyant au cercueil).

Il importe de rendre justice aux traditions familiales dans le dialogue pastoral, c'est-à-dire de se rendre attentif aux valeurs qui leur sont rattachées, ainsi que de reconnaître et de respecter le sens du sacré et de la filiation qui s'y manifestent. Il est rarement pertinent d'attaquer les demandeurs de front à propos de leurs traditions familiales : ils se sentiront alors brusqués ou méprisés. On cherchera plutôt à s'inspirer des valeurs qui s'expriment à travers ces règles et ces rituels. Démontrer le manque de pertinence d'une tradition familiale d'un point de vue purement rationnel correspond à ignorer sa dimension émotive, affective et inconsciente, qui prédomine pourtant en matière de religion et de ritualité. Accepter ces traditions portera sans doute plus de fruits que les confronter et l'on cherchera ensuite un moyen de composer avec elles qui fasse sens pour toutes les personnes impliquées.

## *Les éléments de la tradition chrétienne*

Toute personne qui s'adresse à l'Église connaît au moins un minimum d'éléments de la tradition chrétienne. Il ne s'agit parfois que de quelques mots clefs isolés, par exemple les premiers mots d'une prière connue (Notre Père, Je vous salue Marie ou simplement le vocable « Seigneur »), des fragments de langage liturgique (Amen, Alléluia), les souvenirs d'un récit biblique (tels que Adam et Ève dans la Genèse ou la rencontre de Jésus avec Zachée), des gestes (signe de croix, alternance entre la station debout et la station assise à la messe). Ces éléments constituent fréquemment les restes de la catéchèse reçue dans l'enfance. On trouvera donc aussi des personnes qui ont retenu plus longuement le contenu d'une catéchèse ou d'un discours théologique en particulier (par exemple une catéchèse de confirmation sur le récit de la Pentecôte ou les dons de l'Esprit).

On pourra aussi reconnaître chez diverses personnes un vocabulaire typique appris dans des milieux d'engagement ou de ressourcement. Ces personnes peuvent avoir elles-mêmes fait partie d'un groupe ou en avoir entendu parler par un proche parent, un ami personnel. À titre d'illustration, les personnes qui fréquentent ou ont fréquenté des groupes d'entraide dans la foulée des Alcooliques Anonymes utilisent des expressions caractéristiques faciles à reconnaître telles que la prière de sérénité, les 12 étapes, parler de Dieu comme d'une « puissance supérieure telle que je la conçois ». Il en est de même pour les mouvements tels que le Cursillo, la Société Saint-Vincent-de-Paul, le renouveau charismatique, etc. Plus l'on connaît soi-même la culture interne de ces différents regroupements, plus on identifiera facilement les particularités langagières de leurs familiers.

Le degré de familiarité d'une personne avec le monde pastoral peut être également décelé par une écoute attentive. En outre, il faut avouer qu'il existe en ce domaine des modes diocésaines ou nationales. Soudain, on ne parle plus que de la proposition de la foi, ou des parcours catéchétiques, par exemple. On adopte des slogans comme « la foi est une expérience » ou « Dieu, c'est quelqu'un pour moi ». On saura ainsi voir qui est au goût du jour et qui reprend un vocabulaire pastoral un peu vieilli. Il sera également possible de mesurer ce qu'une personne connaît ou ignore des règles institutionnelles de l'Église locale. De toute façon, le langage d'une personne trahit forcément ce qu'elle a retenu de ses contacts précédents avec l'Église paroissiale ou diocésaine. Tel parent qui demande le baptême de son deuxième enfant reprendra les tournures de phrase entendues il y a trois ans lors de la préparation du baptême de son premier-né, mais ne sait pas qu'en raison d'une fusion, il doit maintenant s'adresser à la paroisse voisine. Tel fiancé laissera deviner que sa mère est agente de pastorale ou son oncle, diacre permanent.

En outre, la marque d'anciennes pastorales peut être décelée dans les propos d'une personne, qu'il s'agisse de souvenirs personnels ou de récits transmis par d'autres personnes. Il est fréquent d'entendre évoquer les limbes et le péché originel dans la préparation du baptême des petits enfants, bien qu'on évite depuis quelques décennies d'utiliser ces concepts théologiques dans l'animation des rencontres pré-baptismales. Certains couples en union libre affirmeront avec un sourire en coin qu'ils « vivent dans le péché », bien que ce genre de situation soit aujourd'hui communément acceptée. Les nombreux changements pastoraux survenus depuis les années soixante n'ont manifestement pas encore réussi à évacuer complètement les anciens discours du paysage social et ecclésial actuel, et il importe d'en prendre acte avec réalisme.

Enfin, notons qu'on peut aussi observer à même le langage d'une personne son degré de culture théologique et historique, que celle-ci soit acquise par une formation universitaire ou par les lectures. La culture théologique n'est évidemment pas l'apanage des seuls diplômés en théologie. Dans les milieux plus cultivés, il n'est pas rare de rencontrer des personnes ayant lu quelques livres de spiritualité chrétienne, un ouvrage sur l'histoire de l'Église ou sur l'actualité religieuse dans le monde.

On voit bien qu'ils sont nombreux, les éléments de tradition chrétienne parsemant la conversation tenue dans un contexte de dialogue pastoral. Mais il faut résister vigoureusement à la tentation d'évaluer et de juger les personnes en fonction de leur aisance plus ou moins grande à « parler chrétien ». N'imaginons jamais que la familiarité avec le langage religieux puisse mesurer le degré de foi d'une personne. De même, on ne peut conclure à l'absence de foi en présence de difficulté à se référer verbalement à la tradition chrétienne. Cependant, il est utile et nécessaire d'observer attentivement la composition du langage religieux chrétien de chaque personne afin de s'ajuster précisément à son niveau de langage. Si un intervenant pastoral désire vraiment entrer en dialogue avec les demandeurs, il lui faut s'efforcer d'intégrer autant que possible dans son propre discours les repères religieux qu'il entend chez l'autre et d'y relier clairement tout nouvel élément qu'il souhaite expliquer ou proposer. Cette manière de procéder tient à la fois du respect élémentaire des autres et d'un bon sens pédagogique. On évitera ainsi d'ennuyer les personnes déjà à l'aise dans le « parler chrétien » ou d'assommer les personnes qui s'y retrouvent à peine. En outre, les adultes apprennent mieux ce qu'il peuvent articuler à leurs connaissance antérieures, soit pour les confirmer, soit pour les remettre en question. Il importe donc de renforcer ce qu'ils connaissent, si embryonnaire cela soit-il, et de les valoriser. On s'efforce ainsi d'éviter de les décourager en leur imposant un fardeau trop lourd et on a plus de chances de les stimuler à aller plus loin dans la découverte de nouveaux horizons. De même, les adultes ne consentiront à adopter de nouvelles positions que s'ils peuvent comparer ce qu'on leur propose à ce qu'ils ont pensé ou entendu jusqu'à maintenant.

## *Le vocabulaire des autres traditions religieuses*

Il est devenu inévitable de retracer dans le dialogue pastoral des éléments provenant d'autres traditions, qu'il s'agisse d'autres Églises chrétiennes ou carrément d'autres religions. Le pluralisme de nos sociétés ne permet plus aux croyants de vivre en vase clos. Il devient de plus en plus important de s'initier aux « grammaires de Dieu » qui proviennent d'autres horizons, afin de se sensibiliser tant aux convergences qu'aux divergences de la tradition chrétienne avec ces autres traditions. On observera ce type d'indices chez bon nombre de demandeurs et même de responsables pastoraux. Parfois, une personne emprunte simplement un mot, une expression ou un concept à une autre tradition sans nécessairement s'approprier l'ensemble de celle-ci. Dans d'autres cas, on constatera une imprégnation plus profonde, l'influence plus marquante d'un autre univers de sens, d'une autre voie spirituelle.

Certaines manières de parler semblent typiques d'une dénomination chrétienne particulière. Par exemple, les chrétiens évangéliques parlent avec insistance de « reconnaître Jésus comme son Sauveur personnel ». Les Témoins de Jéhovah ont pour caractéristique de préférer le nom Jéhovah à tout autre nom pour désigner Dieu. Les protestants parlent de la célébration de la cène tandis que les catholiques utilisent le mot « messe ». Lorsqu'on remarque qu'une personne utilise des expressions chrétiennes mais pourtant étrangères à sa propre tradition, on a là une piste intéressante à explorer.

Il arrive aussi qu'on observe la présence de fragments « revisités » du christianisme. Il s'agit d'éléments provenant au départ de la tradition chrétienne, ancienne ou contemporaine, mais qui ont été réinterprétés différemment. Fréquemment, l'ésotérisme occidental a servi de base pour cette relecture. C'est ainsi qu'on entendra évoquer les anges ou le pèlerinage à Compostelle dans un registre plus cosmique et centré sur la réalisation de son propre salut.

Enfin, on constatera parfois que l'autre avec qui l'on dialogue se réfère directement à un vocabulaire religieux totalement différent : la loi karmique, la réincarnation, l'impermanence, la vacuité, les gourous, le yoga, le Coran, la kabbale juive, etc.

Devant ces différences plus ou moins marquées, il importe d'éviter le braquage et le durcissement. À travers ces différences, il y a à la fois des convergences et des divergences. Les convergences et les affinités méritent d'être nommées et réinvesties dans la poursuite du dialogue. On pourra même utiliser le vocabulaire emprunté à l'autre tradition dans des exemples ou des explications, et mettre en évidence certains concepts qui se rapprochent beaucoup de la tradition chrétienne. Cependant, on ne gagnera rien à nier les divergences ou à les banaliser. Les divergences peuvent constituer des leviers féconds pour approfondir la réflexion de manière à ce que les personnes fassent davantage la vérité avec elles-mêmes au sujet de leurs croyances et de leurs appartenances. Mais en aucun cas, il ne devrait s'agir de dénigrer ou de diminuer l'autre tradition, ni de chercher à « convertir » l'autre à coup d'arguments et de pressions psychologiques. Dans une société où être croyant ne va pas de soi, n'est-il pas capital de reconnaître au départ la quête de sens de toute personne et d'encourager toute recherche spirituelle authentique?

### *La critique des traditions religieuses*

Enfin, la critique des traditions et des organisations religieuses constitue une autre forme de « grammaire de Dieu ». La critique provient parfois de l'expérience personnelle : tel homme, telle femme a véritablement vécu une expérience pénible en Église. Mais il s'agit fréquemment d'un discours appris en contact avec la famille, les amis, les professeurs, par la fréquentation des médias (journaux, radio, télévision, Internet) et dans la vie culturelle en général (humour, cinéma, chanson, roman, théâtre, philosophie). Le discours critique a le pouvoir de structurer le rapport d'une personne au contenu et à l'organisation d'une ou de plusieurs traditions religieuses. Combien de personnes affirment s'être forgé une opinion définitive de l'Église sans jamais y avoir mis les pieds depuis l'âge scolaire, mais après avoir entendu des personnes âgées dénoncer l'oppression de leur enfance religieuse, des voisins se plaindre des catéchèses de leurs enfants, ou des intellectuels dénier toute crédibilité au christianisme. Il existe des personnes dont le seul registre pour parler de questions religieuses est celui de la critique et de l'opposition.

Dans le dialogue pastoral, on recueillera de précieux indices en écoutant avec calme et attention les remarques critiques formulées par les demandeurs. Ces indices révèlent-ils une blessure personnelle? Peuvent-ils être attribués surtout à des influences extérieures? En évitant de se sentir personnellement visé par ces critiques, on aura alors la sérénité nécessaire pour tenter d'en comprendre la fonction et le sens pour chaque personne en particulier. Il n'est pas rare que les critiques manifestent implicitement une déception et donc des attentes élevées à l'égard de l'Église et des croyants. Il s'agit peut-être de valeurs positives exprimées de manière négative et qu'il vaudrait la peine de reconnaître chez l'autre.

Les critiques fournissent également des balises aux responsables pastoraux : elles permettent de sonder les pièges, les terrains minés, les sujets à éviter, les limites à respecter. Il arrive qu'elles laissent entrevoir une quête de vérité ou une quête de sens dont la personne n'est pas forcément encore consciente. Il est rarement fructueux de répondre du tac au tac aux critiques des demandeurs et d'entreprendre ainsi un long débat argumentatif visant à renverser leur position. Les responsables pastoraux pourraient trouver dans le discours critique des demandeurs de bonnes questions qui les renvoient à eux-mêmes.

### *Quelques ponts possibles entre langage séculier et langage religieux*

Revenons maintenant au rôle de « pontife » attribué par Lemieux et Montminy aux responsables pastoraux. Ceux-ci sont appelés à produire une parole qui permette la circulation du sens entre le langage de la tradition chrétienne et le langage séculier, afin que l'expérience spirituelle puisse s'exprimer de manière pertinente dans la culture actuelle. J'ai conçu une deuxième grille (voir l'annexe 2 en page 107) pour suggérer des passerelles possibles entre ces deux registres de langage. Cet instrument n'a aucune prétention à l'exhaustivité. Il ne constitue qu'un exemple, une suggestion. Chaque responsable pastoral ne pourra manquer de reconstruire cette grille à sa façon, à partir de son propre style et de ses sensibilités personnelles. En ce domaine, on ne peut s'avancer vers l'autre qu'en fonction de ce qu'on se sent en mesure de porter et d'assumer. Ces passerelles peuvent vraiment fonctionner dans les deux sens. D'une part, on peut s'y référer pour identifier des éléments du discours séculier de l'autre qui nous semblent en consonance avec l'Évangile. Pour ce faire, on l'utilisera d'une manière analogue à la grille de la grammaire de Dieu. D'autre part, on peut s'en inspirer pour préparer une animation afin de choisir un vocabulaire séculier pour parler de réalités spirituelles et religieuses. De cette manière, l'expérience séculière risque moins d'être réduite à une entrée en matière artificielle et vite abandonnée pour les « choses sérieuses » (le discours théologique). Au contraire, l'expérience séculière relue à la lumière de la foi prend en elle-même un relief tout différent, en vertu du mystère de l'incarnation et de l'action mystérieuse de l'Esprit saint au cœur de toute vie humaine où on l'accueille.

Certaines passerelles sont de l'ordre du micro-indice. Ce sont des détails, des nuances du discours. Les dons et les fruits de l'Esprit énumérés par l'apôtre Paul dans ses lettres aux premières Églises hors de la Palestine constituent un filon particulièrement riche. En effet, les dons de l'Esprit manifestent à l'intérieur de l'expérience humaine une réalité transcendante qui y est en travail d'humanisation et de divinisation. Les dons et les fruits de l'Esprit se déploient dans toutes les dimensions de la vie humaine, et pas seulement dans un cadre religieux. Il est donc possible de reconnaître l'Esprit agissant même chez ceux qui ne sont pas conscients de sa présence et de son action discrète en eux. À l'occasion d'événements marquants, certaines personnes expriment clairement avoir découvert en elles-mêmes une force qu'elles n'imaginaient pas et qui les émerveille. Comme croyants et croyantes, ne pouvons-nous pas oser leur témoigner, humblement et respectueusement, que nous y reconnaissons la force même de Dieu qui habite le cœur humain?

Voici un autre filon de l'ordre des micro-indices. Il arrive qu'une personne utilise des symboles pour décrire une expérience discrète ou plus marquante de sa vie. Ces symboles correspondent souvent à des archétypes, des images qui touchent à quelque chose d'universel dans l'expérience humaine. Plusieurs de ces images se retrouvent justement dans la Bible. À titre d'illustration, pensons à la route, la montagne, la lumière et les ténèbres, la bougie ou la lampe allumée, la respiration et le souffle. Il est faux d'affirmer que ces images n'évoquent plus rien dans un monde urbanisé et ultramoderne. Il s'agit de passerelles toujours actuelles qui permettent à la fois de relier le récit séculier des personnes au langage biblique et de donner dans l'animation une résonance existentielle profonde aux symboles bibliques. En outre, ces symboles ont l'avantage de parler également au corps et aux émotions, dans leur rapport à la création et à la communauté humaine.

D'autres passerelles constituent plutôt des macro-indices. Elles ne se voient pas à l'échelle d'une phrase ou d'un détail du discours, mais forment plutôt un thème sur lequel on échange, un récit où l'on raconte une part de sa vie. Ces ponts langagiers et expérientiels sont plus évidents. Il est plus facile de les remarquer. Voici un court inventaire de ces occasions propices à parler du spirituel en termes séculiers et du séculier en termes spirituels.

Une personne rencontrée s'interroge sur le sens de l'existence et l'orientation de sa vie. Par exemple, elle cherche le sens d'un événement heureux de sa vie personnelle (comme une naissance, une rencontre amoureuse, un succès inespéré) ou encore d'un événement souffrant (comme la maladie, le deuil, une rupture, un échec). Dans d'autres occasions, une personne se remet en question de manière plus globale. Ce qui est en jeu, c'est son identité, sa place dans le monde, ses chances de bonheur, les conséquences de ses choix de vie, le contenu de ses croyances, les convictions et les principes qui la guident. Enfin, on rencontre également des personnes dont l'interrogation prend un tour plus philosophique et moins centré sur soi. C'est alors le sens de l'univers, de la vie, des sociétés humaines, de l'histoire récente traversée par la détresse, la souffrance, l'injustice, la violence.

Faire face à un dilemme moral constitue également une expérience dont on peut parler autant en langage séculier qu'en langage religieux. Le dilemme moral met à l'épreuve les valeurs et les croyances de la personne qui y est confrontée. Il faut alors clarifier les enjeux, cerner les possibles et leurs conséquences potentielles, entrer en discernement, prendre le risque d'un choix qui n'a rien d'évident au départ.

Une autre piste se trouve dans le domaine des rêves, des désirs, des grandes aspirations portées par une personne. Au cœur des élans qui soulèvent le cœur humain s'exprime fréquemment une ouverture à la transcendance, le pressentiment d'une présence mystérieuse, l'attirance pour l'infini et l'absolu. Certaines personnes vivent des expériences de transcendance qui les bouleversent et leur ouvrent un horizon insoupçonné[9]. Cela peut se produire par exemple en contact avec la nature, à travers la création artistique, au cœur de relations interpersonnelles d'une intensité particulière ou dans la manière dont une valeur s'impose absolument à sa conscience.

*Relecture de mon expérience*

- Quelle est ma manière particulière de parler de Dieu, de la foi, de l'Église? À l'aide de la grille de l'annexe 1, je fais l'inventaire de ma « grammaire de Dieu » personnelle.
- J'essaie d'identifier les « formes de vie » où j'ai puisé des règles de grammaire de Dieu que j'emploie encore, c'est-à-dire les sources d'influence qui ont façonné mon langage spirituel et religieux actuel.
- Quels éléments de ma « grammaire de Dieu » se distinguent des influences reçues? Autrement dit, quels éléments de ma « grammaire de Dieu » proviennent de ma création personnelle et marquent l'originalité de mon langage spirituel et religieux? Y a-t-il des règles de « grammaire de Dieu » que j'ai suivies autrefois mais que j'ai abandonnées à un moment ou l'autre de mon cheminement? Qu'est-ce que cela révèle de ma spiritualité personnelle?

9 Au sujet des expériences de transcendance, l'ouvrage de Louis Roy constitue une référence incontournable. Voir Louis Roy, *Le sentiment de transcendance : expérience de Dieu?*, Paris, Les Éditions du Cerf, 2000, 145 p.

- Parmi les ponts possibles entre langage séculier et langage religieux (annexe 2), lesquels correspondent déjà à ma manière de parler de mon expérience de foi comme homme ou femme vivant à la fois dans la culture séculière actuelle et dans la culture de l'Église à laquelle j'appartiens?
- En partageant avec d'autres responsables pastoraux sur les caractéristiques de nos langages respectifs, j'accueille la beauté et la complémentarité de nos différences. En même temps, cela m'amène à prendre plus de recul par rapport à mon propre langage et à moins l'absolutiser.

*Perfectionnement de ma pratique*

- Pour me familiariser avec la grille de la « grammaire de Dieu », je la lis plusieurs fois. J'essaie d'observer le langage d'une ou deux personnes de mon entourage (famille, équipe pastorale, relations sociales) et je note mes observations. Je m'efforce de demeurer dans une attitude d'observation et non de jugement ou de diagnostic.
- Après m'être familiarisé(e) avec la grille dans un premier temps, je commence à observer la « grammaire de Dieu » d'une ou plusieurs personnes dans un dialogue pastoral que je poursuis présentement ou que je vivrai prochainement.
- Je mets les membres de mon équipe pastorale dans le coup. Nous comparons nos observations et nous formulons différentes hypothèses sur les « formes de vie » d'où proviennent telle ou telle règle de « grammaire de Dieu ». Ensuite, nous explorons différentes manières de s'ajuster aux personnes en fonction de leur « grammaire de Dieu ».
- Par écrit, je tente de faire le récit d'une de mes expériences de foi en adoptant uniquement le langage séculier. En groupe, nous comparons nos récits et identifions nos difficultés à relever ce défi.
- Je choisis le récit d'une expérience de vie relatée dans une revue, un journal, une émission de télé, un livre, etc. Ce récit doit être propice à une relecture spirituelle. J'identifie dans ce récit les éléments qui constituent des passerelles possibles avec le langage de la tradition chrétienne. En groupe, nous comparons nos interprétations.

*Chapitre 5*

# Quelques outils pratiques

Récapitulons maintenant notre parcours de réflexion. Nous avons défini le dialogue pastoral, précisé ses visées, retracé ses origines dans la tradition de l'Église. Nous l'avons comparé à d'autres situations de communication analogues afin d'en saisir la spécificité. Nous avons identifié les caractéristiques de la position de responsable pastoral et celles de la position de demandeur dans le contexte d'un dialogue pastoral. Nous avons clarifié la cible des trois mouvements du dialogue pastoral : accueillir les personnes, opérer un discernement, favoriser une progression. Conscients que ces mouvements se chevauchent de manière non linéaire dans la pratique, nous avons également mis le doigt sur un certain nombre de pièges qui peuvent compromettre la rencontre des responsables pastoraux et des personnes qui demandent un rite à l'Église. Enfin, nous avons mis en lumière le rôle du langage dans le dialogue pastoral et nous nous sommes familiarisés avec deux grilles : la « grammaire de Dieu » et les ponts possibles entre le langage séculier et le langage de la tradition chrétienne.

Après avoir approfondi la dimension théorique de la réflexion, nous en sommes rendus à des considérations de plus en plus pratiques. Le présent chapitre présente un éventail d'outils qu'on peut employer individuellement ou en groupe afin de continuer de structurer et de perfectionner la pratique du dialogue pastoral. Il s'agit d'activités que l'on peut réaliser une seule fois ou que l'on peut répéter à intervalles réguliers pour mesurer les déplacements effectués dans ses interventions sur le terrain. Toutes se veulent en prise avec les défis bien concrets du quotidien pastoral, qu'il s'agisse à la fois de relire son expérience, de stimuler sa progression et de se réorienter au besoin. On pourrait même se servir de ces propositions pour animer un cycle suivi d'activités de formation en équipe pastorale ou au niveau diocésain.

## *Dresser un inventaire d'attitudes et d'habiletés*

Il est fort intéressant de dresser un inventaire d'attitudes (savoir-être) et d'habiletés (savoir-faire) particulièrement pertinentes pour la pratique du dialogue pastoral. Dans un premier temps, on commence par énumérer tout ce qui semble utile. Inévitablement, la liste sera très longue. On réalise alors à quel point il est facile de mettre la barre trop haute, de tomber dans le piège de l'idéalisme et de se demander l'impossible. Quel responsable pastoral pourra jamais incarner l'intervenant complet à qui aucun savoir-être ni aucun savoir-faire ne manque?

À partir des longs inventaires d'attitudes et d'habiletés formulés au départ, on peut cependant aller plus loin, dans une deuxième étape. Par exemple, on peut tenter en groupe d'isoler les cinq attitudes et les cinq habiletés qui paraissent les plus essentielles dans son milieu. Il faut alors discriminer ce qui est primordial parmi tout ce qui est pertinent. D'autre part, on peut aussi s'autoévaluer à partir de ces inventaires. Quels savoir-faire et quels savoir-être font déjà bien partie de mes acquis, de mes forces, de mes talents naturels? Au contraire, lesquels me font défaut? Y en a-t-il qu'il me serait crucial de développer pour faire face aux défis actuels de ma pratique du dialogue pastoral? Quels moyens pourrais-je me donner pour progresser en ce sens? Quelles ressources peuvent m'y aider?

## *Regarder son ombre en face*

La pratique fréquente du dialogue pastoral nous fait souvent toucher du doigt nos limites personnelles, nos blessures, les parts de notre être avec lesquelles nous sommes mal à l'aise et que nous aimons moins, bref ce que Jung appelait notre ombre. Voilà pourquoi certains responsables pastoraux se sentent souvent démunis ou démolis dans la rencontre avec les demandeurs. Nier ou fuir cette dimension de soi constitue un frein certain à sa croissance personnelle et spirituelle, ainsi qu'un obstacle à l'amélioration de sa manière d'entrer en relation avec les personnes qui adressent une demande à l'Église. Bien que cette démarche soit difficile, il s'avère tellement plus libérateur et plus fructueux de faire la vérité humblement, sans chercher à s'accabler ni à se justifier. Voici quelques démarches qui permettent de regarder son ombre en face.

Dans un premier temps, j'identifie les deuils non complétés qui m'empêchent d'avancer. Par exemple, ce peut être le deuil de situations collectives qui m'affectent particulièrement : le deuil des églises pleines, le deuil de la reconnaissance sociale liée à une fonction dans l'Église, le deuil de l'époque où, croit-on, les gens ne manifestaient pas tant de distance ni de résistance à l'égard de l'Église. Il peut aussi s'agir de deuils plus individuels : le deuil de sa jeunesse, le deuil consécutif à une perte de santé physique ou mentale, le deuil de la paroisse où l'on travaillait avant ou du curé précédent que l'on préférait. Un deuil non complété empêche de récupérer l'énergie nécessaire à investir dans le présent. Par quels moyens puis-je finir de pleurer ce que j'ai perdu pour mieux accueillir ce qui se donne au présent par la grâce de Dieu?

Dans un deuxième temps, on commencera par la relecture du chapitre 3 sur les trois étapes ou mouvements du dialogue pastoral. Plusieurs pièges potentiels sont énumérés et décrits dans ce chapitre. Cette lecture sert d'amorce : il existe bien d'autres pièges possibles et on pourra alors compléter l'inventaire. Il s'agit ensuite d'identifier quels pièges j'ai déjà expérimentés. Parmi ces pièges, il est probable d'en trouver dans lesquels je suis tombé plus d'une fois et qui correspondent à des difficultés individuelles. Ces difficultés peuvent provenir de limites personnelles, d'expériences malheureuses vécues dans le passé, de peurs diverses. Il est utile de savoir l'origine de ces difficultés, afin de déterminer les moyens qui permettent ensuite de progresser dans la conscience de soi et dans l'amélioration de ses relations avec les demandeurs.

Cette activité ne peut manquer d'être d'abord réalisée individuellement, mais il est profitable de s'en ouvrir auprès de ses collègues. Toutefois, il est important de maintenir dans le groupe un climat de non-jugement ainsi que de non-complaisance.

### *Rédiger des compte rendus de ses expériences marquantes*

Il ne suffit pas toujours d'accumuler les rencontres avec des demandeurs pour gagner de l'expérience et perfectionner sa pratique du dialogue pastoral. Un moyen bien simple permet de s'assurer de tirer le maximum des entretiens individuels ou des rencontres de groupe auxquelles on participe en tant que responsable pastoral. La rédaction régulière de compte rendus permet de conserver une trace écrite de ce qu'on a vécu et d'en faire sommairement l'analyse. Deux modèles de compte rendus se trouvent en annexe : le compte rendu d'un entretien individuel (annexe 3, p. 109) et le compte rendu d'une rencontre en petit groupe (annexe 4, p. 115).

L'utilisation d'un modèle permet de systématiser ses notes afin qu'il soit plus facile de les consulter et de les analyser lorsqu'on les relit après coup. Il est préférable de rédiger le compte rendu le plus tôt possible après la rencontre, pendant qu'on en a le souvenir le plus frais. Il peut être pertinent de rédiger un compte rendu après chaque rencontre de dialogue pastoral, par exemple lorsqu'on en est à ses débuts, lorsqu'on veut mettre rapidement le doigt sur un blocage qui se répète ou lorsqu'on veut se donner un temps intensif de perfectionnement. On peut également se contenter de noter les entretiens individuels ou les rencontres de groupe qui se démarquent des autres : les plus réussies ou les plus difficiles.

Les deux modèles de compte rendus commencent par une section consacrée aux renseignements généraux qui permettent de répondre aux questions : qui? quoi? où? quand? comment? pourquoi? La deuxième section permet de relever les impressions générales que l'on retire de la rencontre. Quelles sources de satisfaction ou d'insatisfaction en ressortent? Dans un troisième temps, il s'agit de noter les éléments de « grammaire de Dieu » que l'on a pu observer chez les demandeurs rencontrés. On note ensuite les hypothèses et les pistes d'intervention qui s'en dégagent. Ensuite, on fait le bilan des étapes que l'on a pu franchir, puis on tente d'identifier la dynamique de l'échange. On n'a pas à répondre interminablement à chaque question, ni même à répondre à toutes. Certaines resteront sans doute sans réponse. L'enjeu est plutôt de bien ordonner les informations que l'on veut conserver, si fragmentaires soient-elles. La quantité d'informations retenues variera inévitablement d'une rencontre à l'autre.

On peut reprendre individuellement ses compte rendus après un certain temps afin de cerner les évolutions de sa pratique. Qu'ai-je appris? Quels déplacements ou quels changements sont survenus en moi? Quelles forces et quelles difficultés sont révélées par l'ensemble?

Les compte rendus pourraient également être repris périodiquement en équipe pastorale à partir des mêmes questions. Mais il serait possible d'y retracer des traits communs aux demandeurs, des particularités du milieu, des dépassements ou des ajustements à vivre en équipe pastorale. En fait, il n'existe sans doute pas de meilleur moyen de s'évaluer et de se perfectionner ensemble, dans la mesure où l'on vit ces échanges dans un esprit de bienveillance mutuelle, de solidarité et d'entraide.

Dans son ouvrage de base de formation à la relation d'aide, le psychologue Jacques Salomé identifie quelques modèles représentatifs de la dynamique de l'échange en entretien[1]. Rappelons-nous qu'il existe une asymétrie entre les interlocuteurs dans la relation d'aide comme dans le dialogue pastoral. Voici donc quelques remarques sur la dynamique de l'échange inspirées de Salomé mais adaptées à la réalité particulière du dialogue pastoral. Cette section du chapitre est reliée à l'une des questions des modèles de compte rendus des annexes 3 et 4. Mais c'est aussi un instrument d'observation auquel on peut avoir recours de manière indépendante. Le personnel de soutien pourrait l'utiliser avec profit.

Il arrive que demandeurs et responsables pastoraux entretiennent un dialogue de sourds. Chacun n'est préoccupé que de ce qu'il va dire. Aucun des deux ne se sent écouté. Aucun rapprochement réel ne se produit. Deux *réalités parallèles* se frôlent sans jamais se rejoindre.

Parfois, l'un des interlocuteurs se contente de préparer ses arguments pendant qu'il écoute l'autre. Dans le discours de l'autre, il ne cherche que ce qu'il pourra récupérer ou retourner à son avantage. L'interlocuteur qui sent ses propos ainsi réutilisés peut réagir par une attitude agressive ou peut décider d'abandonner, de se taire ou de laisser faire. Les responsables pastoraux risquent davantage d'être tentés par cette dynamique de *récupération*, mais cela peut se produire également en sens inverse.

Il existe aussi des dynamiques de *confrontation* où la rencontre des interlocuteurs se fait plutôt houleuse. Il peut s'agir de l'un qui pousse l'autre dans ses derniers retranchements. Celui-ci réagira peut-être en tentant de se protéger, de fuir, de laisser passer l'orage. Il pourra également se mettre sur la défensive et tenter de plaider sa cause, de se justifier aux yeux de la personne par qui il se sent attaqué. Enfin, il aura le choix d'adopter lui aussi un discours confrontant et de répondre à l'attaque par l'attaque. La dynamique de confrontation peut être nourrie autant par les responsables pastoraux que par les demandeurs.

Dans d'autres situations, on observe des dynamiques d'*évitement*. Par exemple, l'un des interlocuteur détourne la conversation et la décentre de ce qui devrait en être l'objet. Ou encore une personne écoute, approuve mais ne prend jamais véritablement la parole. Elle

---

1 Jacques SALOMÉ, *Relation d'aide et formation à l'entretien,* Lille, Presses Universitaires de Lille, 1990, p. 89-91.

donne à l'autre l'impression d'être en accord mais ne prend pas le risque de se commettre. Qu'il s'agisse des responsables pastoraux ou des demandeurs, l'évitement traduit un malaise qui peut être relié autant au contenu de la conversation qu'à l'incompatibilité entre les personnes. Souvent, on choisit l'évitement pour se protéger et pour éviter la confrontation ou la récupération.

Une autre dynamique est celle de la *clarification*. Dans ce cas, l'un des interlocuteurs s'exprime davantage, tandis que l'autre, par son écoute active, l'encourage à se dire, lui manifeste son empathie et sa compréhension. Éventuellement, l'écoutant aura la possibilité de poser des questions de clarification, de donner de nouvelles informations, de refléter ou reformuler ce qu'il a perçu chez l'autre, d'amener celui-ci à se situer plus clairement, à explorer les choix et les développements possibles à sa situation présente. Cette dynamique est souhaitable pour le dialogue pastoral, bien qu'on ne puisse pas toujours la réaliser pleinement.

Dans la dynamique de la *mise en commun*, les deux interlocuteurs commencent par exposer chacun leur point de vue et ensuite se mettent ensemble à la recherche d'un espace commun. Dans ce cas, les interlocuteurs se situent dans l'égalité des forces et dans la réciprocité, même si leurs positions ne sont pas symétriques. Chacun doit sortir de ses retranchements, se laisser déranger par l'autre, mettre de l'eau dans son vin afin de déterminer ce qui sera acceptable et intéressant pour les deux parties. Voilà qui tient de la négociation au sens positif du terme, c'est-à-dire la recherche d'éléments de consensus par des partenaires de bonne foi. Cette dynamique est également favorable pour le dialogue pastoral, en particulier pour l'étape/mouvement de la progression.

Enfin, dans certaines circonstances, il arrive que l'un des interlocuteurs n'arrive pas à se mettre à l'écoute réelle de l'autre. Dans le discours de celui-ci, quelque chose est venu réactiver une blessure, faire remonter un souvenir difficile, évoquer une souffrance qui n'est pas encore dénouée ou un combat intérieur non résolu. L'interlocuteur ainsi touché n'arrive plus à se décentrer de lui-même. Dans les propos de l'autre, il n'entend plus que l'écho de ses propres difficultés, dont l'autre ignore tout le plus souvent. La dynamique de la *blessure réactivée* exige qu'on travaille sur soi pour éviter de faire porter à l'autre ce qui ne lui appartient pas : écrire, se confier, aller en thérapie, se faire accompagner pour un temps.

Dans le déroulement d'un entretien individuel ou d'une rencontre de groupe, on remarque fréquemment qu'une de ces dynamiques est dominante. Il n'est pas moins fréquent que la dynamique change et évolue au fil de la rencontre ou de la série de rencontres entreprise.

Se rendre attentif à la dynamique de l'échange constitue un excellent moyen de flairer les pièges au plus vite et de s'efforcer d'y remédier pour autant que cela nous soit possible.

### *Organiser des séances d'études de cas*

Lorsqu'on prend le temps de rédiger des compte rendus de ses expériences de dialogue pastoral, on parvient à identifier des situations qui se distinguent, soit par leur fréquence, par leur niveau de difficulté ou par l'impression d'insatisfaction tenace qui nous en reste. Ces situations sont alors propices à réaliser une étude de cas en groupe : en équipe pastorale, en équipe diocésaine ou interdiocésaine, en petit groupe de formation. Mais comment procède-t-on pour une étude de cas?

Dans un premier temps, on photocopie et on distribue à tous les membres du groupe le compte rendu de la rencontre de dialogue pastoral que l'on va analyser ensemble. Ce compte rendu a été rédigé préalablement par la personne qui l'a vécu. Une fois qu'on en a fait la lecture, il est utile que les membres du groupe posent toutes les questions qui leur viennent à l'esprit à la personne qui a vécu la situation à l'étude. Celle-ci va alors compléter l'information, clarifier, préciser. Il s'agit de s'assurer que tous les participants et toutes les participantes saisissent le déroulement des événements. Une fois la compréhension établie dans le groupe, on passe à l'étape suivante : identifier les sources les plus probables des difficultés, des problèmes, des blocages rencontrés.

À l'annexe 5 (p. 119) se trouve un aide-mémoire qui reprend tous les éléments à considérer dans une analyse semblable. À noter : il est important de considérer tous les éléments qui peuvent contribuer au problème, de la part du responsable pastoral aussi bien que du demandeur, sans oublier les facteurs externes. Dans une étude de cas, on s'efforce de comprendre en évitant d'accuser ou de blâmer qui que ce soit. On commence par mettre sur la table plusieurs hypothèses d'explication, dont on discute ensuite la pertinence. Étant donné la complexité du dialogue pastoral, il est probable que plusieurs facteurs ou plusieurs hypothèses soient nécessaires pour cerner de plus près ce qui est en jeu.

Dans un troisième temps, on peut s'inspirer des questions dans l'encadré à la fin de l'annexe 5 pour remettre le focus sur l'intervention. Dans les circonstances, quels sont les leviers qui s'offrent au responsable pastoral? Sur quoi peut-il travailler? Quelles pistes lui faudrait-il explorer pour modifier son intervention de manière constructive? Quels moyens et quelles ressources pourraient l'aider à y parvenir? À l'inverse, y a-t-il des éléments qui lui échappent totalement et qu'il doit simplement apprendre à accepter?

La réalisation d'études de cas quelques fois par année constitue un moyen précieux de formation permanente et d'entraide pour une équipe. Voilà un outil très simple à mettre en œuvre, peu onéreux et d'une efficacité surprenante. Il s'agit simplement d'y consacrer un peu de temps et d'y faire une place dans l'ordre du jour. L'ensemble du processus ne prend qu'une heure ou deux.

### *Réaliser des mises en situation*

Le dernier outil pratique que je suggère est la pratique de mises en situation. On commence par trouver des volontaires pour jouer le rôle du ou des responsables pastoraux, puis du ou des demandeurs. En l'occurrence, l'ensemble du groupe pourrait même être sollicité pour simuler la rencontre d'un petit groupe de demandeurs. Il faut établir un cadre de départ qui précise au minimum la situation de communication. S'agit-il de pastorale du baptême? de préparation au mariage? du début d'une démarche avec un catéchumène ou un recommençant? Où et quand cela se déroule-t-il? Quelle plage de temps va-t-on allouer à l'exercice (15 minutes par exemple)?

On a aussi besoin d'en savoir un minimum sur l'identité des personnages avant de commencer : leur position, leur âge, l'objet de la demande, leur situation socio-économique. On évitera cependant d'aller plus loin dans la mise en scène. Une mise en situation n'est pas une pièce de théâtre improvisée. Les demandeurs fictifs ne doivent pas être exagérément opiniâtres ni trop facilement conciliants : il doit être possible de trouver au moins une avenue satisfaisante, au prix d'un certain travail. La personne qui accepte d'endosser le rôle de responsable pastoral s'expose ainsi à la surprise, comme dans la réalité. Il importe donc de s'assurer que le groupe lui manifeste sa solidarité et sa gratitude, afin d'éviter qu'elle se sente clouée au pilori. La crainte d'être jugée sévèrement par ses pairs fait hésiter plus d'une personne à accepter de jouer ce jeu. On n'attendra pas de cette personne qu'elle donne à tous un exemple parfait, mais qu'elle aide tous les participants à se mettre à sa place. Il y aura donc des points forts et des points faibles à son intervention, qui d'ailleurs se réalise dans un cadre artificiel mis en place pour les besoins de la formation permanente des responsables pastoraux. En situation réelle, les choses se passeraient forcément d'une autre manière.

Les membres du groupe qui observent la mise en situation peuvent se servir de l'aide-mémoire de l'annexe 5 pour noter leurs observations, qu'ils mettront en commun après la mise en situation. Il est toujours intéressant de donner également la parole aux personnes qui ont joué. Elles ont souvent analysé la situation au fur et à mesure qu'elle se déroulait. La mise en commun peut se terminer par quelques questions de synthèse. À la place de la personne en responsabilité pastorale, qu'aurait-on fait de la même manière et qu'aurait-on fait différemment? Quelles questions et quelles convictions a suscitées la mise en situation?

# Conclusion

Au terme de notre parcours de réflexion et de formation à la pratique du dialogue pastoral, comment ignorer les défis de taille qui se présentent à nous? En dépit des quelques décennies qui nous séparent de l'émergence du dialogue pastoral, il semble que nous ayons encore beaucoup à apprendre afin de développer un type d'intervention pastorale ajustée à une Église de post-chrétienté immergée dans un monde plus que jamais sécularisé. Dans la transition entre deux paradigmes, ne sommes-nous pas appelés à nous aventurer courageusement hors de nos habitudes, de nos réflexes, de nos préjugés? Et n'est-ce pas l'Esprit saint lui-même qui nous y convie, lui dont la vie féconde aujourd'hui encore notre monde?

Au cœur de sociétés où le christianisme continue de perdre pouvoir et influence, il nous faut apprendre à proposer sans violence l'Évangile vivant, la Parole dont nos cœurs sont tout brûlants. Proposer signifie qu'on ne présume pas de la réponse de l'autre et qu'on sache respecter un refus même s'il nous déçoit. Il n'y a pas si longtemps, la chrétienté a permis et parfois favorisé l'exercice du contrôle et de la coercition auprès des fidèles. Aujourd'hui, le contrôle et la coercition constituent trop souvent un contre-témoignage ajoutant au discrédit public de l'Église. Il nous est indispensable d'apprendre à exercer une autorité morale sans autre arme que la solidité intérieure qui repose dans la conviction personnelle et l'appartenance librement choisie. Bien entendu, on n'assiste que rarement à des tentatives de contrôle des demandeurs qui s'apparentent aux moyens d'autrefois. Toutefois, plus subtilement, on résiste fortement au respect de la conscience et de la liberté d'autrui. La volonté implicite ou explicite d'encadrer les demandeurs et les jeunes en initiation chrétienne « pour ne pas les perdre », omniprésente chez bon nombre de responsables pastoraux, ne traduit-elle pas une peur viscérale de la liberté des autres? Demeurer crispé sur le souci anxieux de l'avenir de l'Église provoquera-t-il autre chose qu'un repli de plus en plus grand des communautés chrétiennes sur elles-mêmes?

Abandonner les moyens de contrôle et de pression auprès des personnes ne signifie pas pour autant qu'on s'avoue vaincu, qu'on cesse de se soucier d'évangéliser, qu'on laisse faire n'importe quoi. Le dialogue pastoral ne constituerait-il donc qu'une lutte de pouvoir, une partie de bras de fer, une guerre à finir? Mais que vaut un acquiescement obtenu du bout des lèvres par sentiment d'obligation? Dieu n'est-il pas lui-même créateur de la liberté humaine qui peut aller jusqu'à le rejeter? La discrétion de Dieu témoigne du plus immense respect et d'un amour infini à notre égard. N'est-ce pas de ce Dieu que nous sommes appelés à devenir transparents?

La visée relationnelle et la visée évangélisatrice du dialogue pastoral ne peuvent être tenues l'une sans l'autre. Dans cet esprit, on peut développer une qualité d'attention aux autres qui soit autre chose que de la complaisance, et une capacité d'affirmation de la foi de l'Église qui évite le durcissement. Apprendre à écouter les demandeurs en essayant de comprendre leur propre « grammaire de Dieu », à discerner avec eux plutôt qu'à leur place, à faire preuve de souplesse pour demeurer attaché à l'essentiel, voilà des moyens d'intervention qui permettent à la fois de se tenir debout comme croyant et d'accompagner le cheminement de l'autre sans le brusquer inutilement.

Devant les défis qui nous attendent, il nous faut décidément refuser de baisser les bras. Osons consacrer au dialogue pastoral tout le temps et tout le soin requis. Cette pratique ne peut manquer de porter des fruits abondants et savoureux, même s'il ne s'agit pas forcément de ceux qu'on anticipe.

*Annexe 1*

# Une grille d'observation de la « grammaire de Dieu »

*À quoi sert cette grille?*

Elle permet d'identifier des éléments du bagage religieux des demandeurs et d'en déduire ce qu'ils pourraient avoir vécu. Elle est utile pour focaliser son attention sur des indices importants pour mieux connaître les personnes et mieux communiquer avec elles.

Elle permet d'identifier parmi les acquis des demandeurs ce qui peut constituer des points d'appuis dans le discernement et le cheminement. Elle donne des suggestions sur ce qu'il serait bon de renforcer et de valoriser chez ces « distancés » qui souvent se sentent incompétents en matière religieuse.

Elle permet d'évaluer ce qui serait accessible à chacun et ce qui lui serait inaccessible, en fonction de ses acquis. Elle est utile pour ajuster son niveau de discours, adapter son langage, choisir des exemples, faire preuve de pédagogie.

Elle donne des indices sur des facteurs potentiels de réussite ou d'échec du dialogue, des limites à ne pas dépasser, des attitudes qui pourraient brusquer les demandeurs, des pièges potentiels. Elle peut être utile pour éviter des écueils, réduire l'agressivité, vivre le respect.

## Premier bloc : traditions familiales

- Des traditions à honorer
- Des règles de conduite à observer

### *Que faire de ces indices?*

- *Être attentif aux valeurs rattachées à ces règles et traditions*
- *Reconnaître et respecter le sens du sacré et de la filiation qui s'y rattachent*
- *S'inspirer de ces valeurs dans l'animation*
- *Éviter de brusquer les gens ou de mépriser ces règles*
- *Éviter de n'aborder la question que d'un point de vue rationnel, tenir compte de la dimension émotive, affective et inconsciente*

## Deuxième bloc : éléments de tradition chrétienne

- Restes de la catéchèse de l'enfance
- Mots clefs retenus, souvent en dehors de leur contexte
- Reliquats d'anciennes pastorales
- Vocabulaire de la liturgie et de la prière
- Règles apprises dans certains milieux d'engagement ou de ressourcement
- Culture interne du monde pastoral
- Culture institutionnelle paroissiale, diocésaine, romaine
- Formation et lectures théologiques
- Lectures de livres de spiritualité
- Lectures d'ouvrages influencés par la tradition chrétienne

### *Que faire de ces indices?*

- *Remarquer et reprendre le plus possible de ces éléments dans la conversation ou l'animation, se servir d'expressions et d'exemples qui les intègrent*
- *Valoriser les gens dans ce qu'ils connaissent pour renforcer leur sentiment de compétence et les stimuler à aller plus loin*
- *Ajouter des mots et des expressions qui s'y rattachent directement : les gens retiendront ce qu'ils peuvent relier à des connaissances antérieures*

- *Situer les nouvelles manières de voir les choses par rapport à celles d'autrefois dont il y a encore des traces*

## Troisième bloc : autres traditions religieuses

- Fragments « revisités » du christianisme
- Fragments d'autres traditions

***Que faire de ces indices?***

- *Faire des liens avec des courants contemporains de spiritualité*
- *Identifier ce qui est convergent avec la tradition chrétienne*
- *Utiliser ce vocabulaire dans des exemples ou des explications et mettre en évidence certains mots proches de la tradition chrétienne*
- *Reconnaître la quête de sens, la recherche spirituelle et la valoriser*

## Quatrième bloc : critique des traditions

- Critiques de l'Église
- Réflexions critiques tirées de romans, films, pièces de théâtre, ouvrages philosophiques
- Caricature, humour, éléments de tradition tournés au ridicule
- Motifs d'opposition provenant de discussions avec d'autres demandeurs

***Que faire de ces indices?***

- *Reconnaître les valeurs positives affirmées implicitement et les mettre en évidence*
- *Identifier des limites à respecter et certains pièges à éviter*
- *Reconnaître des indices d'une quête de sens ou de vérité*
- *Retourner une question qui favorise la réflexion*

*Annexe 2*

# Quelques ponts possibles entre le langage séculier et le langage religieux

### *Micro-indices*

*Reconnaître dans l'expérience de l'autre des dons ou des fruits de l'Esprit*

Dons de l'Esprit :
sagesse, intelligence, discernement, force, connaissance, affection filiale, adoration et louange

Fruits de l'Esprit :
amour, joie, paix, foi, maîtrise de soi, patience, indulgence, douceur, bienveillance, bonté, fidélité, humilité, pardon

Autres attitudes évangéliques :
intégrité, authenticité, sollicitude, générosité, don de soi

*Reconnaître dans le récit de l'autre des symboles bibliques importants, qui manifestent le sens donné à son expérience et la quête de sens*

Lumière/ténèbres
Flamme, feu, bougie allumée
Eau (source, ruisseau, mer, eau qui lave, rafraîchit, désaltère, plonger, boire, etc.)
Soleil levant/couchant
Grain semé qui germe, plante, arbre
Vie/mort
Respiration/manque de souffle
Être écrasé/debout

Faim/nourriture (quelque chose qui nourrit ou ne nourrit pas, repas autour d'une table)
Montagne, chemin, sentier, randonnée, escalade

### *Macro-indices*

*La personne rencontrée se questionne...*

Sur le sens d'un événement heureux ou souffrant de sa vie personnelle
Sur son identité, sa place dans le monde, ses chances de bonheur
Sur le sens de l'ensemble de sa vie
Sur le sens du mal et de la souffrance (la sienne et/ou celle des autres)
Sur le sens de l'univers, de la vie, des sociétés humaines, de l'histoire

*La personne rencontrée fait face à un dilemme moral qui la pousse à...*

Faire des choix
Clarifier ses valeurs et ses croyances
Entrer dans une démarche de discernement

*La personne rencontrée semble insatisfaite de sa vie actuelle et exprime des désirs, des aspirations de fond...*

Désirs exprimés explicitement
Désirs implicites
Insatisfactions, désirs étouffés, censurés

*La personne rencontrée vit ou a vécu une expérience de transcendance...*

Six éléments constitutifs de l'expérience de transcendance : la préparation, l'occasion, le sentiment, la découverte, l'interprétation, le fruit (cf. Roy, 2000)
Expérience esthétique (nature, arts)
Expérience ontologique (intuition de l'Être)
Expérience éthique (valeur)
Expérience interpersonnelle

*Annexe 3*

# Compte rendu d'un entretien individuel de dialogue pastoral

### *Renseignements généraux*

Date et lieu de la rencontre : ______________________________

Nom de la personne ou du couple : __________________________

Nom et âge de l'enfant ou des enfants concernés par la demande :

______________________________________________________

______________________________________________________

Durée de l'entrevue : ___________________________________

Qui a demandé l'entrevue et pour quels motifs? ______________

______________________________________________________

______________________________________________________

______________________________________________________

Après cette entrevue, il me semble que…

Je suis satisfait(e) de…

Je suis insatisfait(e) de …

Je demeure en questionnement au sujet de…

### *Grammaire de Dieu (cf. annexe 1)*

Quels éléments de leur grammaire de Dieu ai-je pu observer pendant l'entrevue?

En quoi ces éléments ont-ils influencé ou influenceront-ils mon approche?

### *Étapes du dialogue pastoral*

Comment s'est passé l'accueil?

Quels éléments de discernement ressortent de la rencontre?

Quelles décisions prises et quelles suites à prévoir?

### *Climat et dynamique de l'échange*

Parmi les dynamiques décrites au chapitre 5 (p. 95-97), j'identifie celle(s) qui correspond(ent) à l'échange dans son ensemble ou à un temps de l'échange.

Mes conclusions

_______________________________________________

_______________________________________________

_______________________________________________

_______________________________________________

_______________________________________________

_______________________________________________

_______________________________________________

Signature : ______________________ Date : ___________

*Annexe 4*

# Compte rendu d'une rencontre de dialogue pastoral en petit groupe

***Renseignements généraux***

Date et lieu de la rencontre : ______________________________

Noms des participant(e)s :

______________________________________________

______________________________________________

______________________________________________

______________________________________________

______________________________________________

Durée de la rencontre : ______________________________

Après cette entrevue, il me semble que…

Je suis satisfait(e) de…

Je suis insatisfait(e) de …

Je demeure en questionnement au sujet de…

## Tableau synthèse

| | Nom | Nom | Nom |
|---|---|---|---|
| Motifs de participation à la rencontre | | | |
| Éléments de grammaire de Dieu observés | | | |
| Influence de ces éléments sur mon approche | | | |
| Comment s'est passé l'accueil? | | | |
| Quels éléments de discernement ressortent? | | | |
| Quelles décisions prises et quelles suites à prévoir? | | | |
| Dynamique de l'échange avec moi | | | |
| Dynamique de l'échange avec les autres demandeurs | | | |

Mes conclusions

____________________________________________________________

Signature : ______________________________ Date : _______________

*Annexe 5*

# Aide-mémoire

## Éléments à prendre en considération pour une étude de cas ou une mise en situation

*Le ou les responsables pastoraux*

- Dispositions antérieures à la rencontre, préjugés, appréhensions?
- Attentes face à la rencontre?
- Manière d'exercer la représentation institutionnelle et l'autorité?
- Malaise dans son rapport personnel au projet commun?
- Attitudes problématiques ou en souffrance?
- Habiletés manquantes?
- Piège qui n'a pas été évité?
- Blocages dans l'accueil?
- Blocages dans le discernement?
- Blocages dans la progression?
- Éléments de grammaire de Dieu négligés?
- Ponts séculier/religieux négligés?
- Résistances personnelles?
- Résonances avec ses vulnérabilités personnelles (blessure réactivée)?
- Problèmes dans la dynamique de l'équipe d'intervenants?
- Événements perturbateurs dans la vie personnelle?

*Le ou les demandeurs*

- Dispositions antérieures à la rencontre, préjugés, appréhensions?
- Attentes face à la rencontre?
- Résonances avec ses vulnérabilités personnelles (transfert)?
- Attitudes problématiques?
- Blocages dans l'accueil?
- Blocages dans le discernement?
- Blocages dans la progression?
- Résistances personnelles?
- Problèmes dans la dynamique conjugale ou la dynamique de groupe?
- Événements perturbateurs dans la vie personnelle?

*Facteurs externes*

- Lieu défavorable?
- Moment défavorable?
- Rencontre trop longue ou trop courte?
- Événements perturbateurs dans la vie sociale?

*La dynamique de l'échange*

- Réalités parallèles, récupération, confrontation, évitement, clarification, mise en commun, blessure réactivée?

Sur quoi ai-je de la prise?

Qu'est-ce qui est sur mon terrain comme intervenant(e)?

Qu'est-ce qui n'appartient qu'à l'autre?

Comment puis-je modifier mon intervention en conséquence?

Quelles ressources pourraient m'être utiles?

# Bibliographie


ANDERSON, Herbert, et Edward FOLEY, *Mighty Stories, Dangerous Rituals. Weaving Together the Human and the Divine*, San Francisco, Jossey-Bass, 1998, 204 p.

CHARRON, Jean-Marc, et Jean-Marc GAUTHIER, dir., *Entre l'arbre et l'écorce. Un monde pastoral en tension*, Montréal, Fides (coll. « Cahiers d'études pastorales », 14), 1993, 308 p.

CHAUVET, Louis-Marie, *Les sacrements. Parole de Dieu au risque du corps*, Paris, Éditions Ouvrières, 1993, 220 p.

CLAVERIE, Pierre, *Petit traité de la rencontre et du dialogue*, Paris, Les Éditions du Cerf, 2004, 166 p.

COMMISSION ÉPISCOPALE DE LITURGIE, *Pastorale sacramentelle. 1. Les sacrements de l'initiation chrétienne et le mariage*, Paris, Les Éditions du Cerf (coll. « Liturgie », 8), 1996, 285 p.

GAUTHIER, Jean-Marc, « Une pastorale à refaire à même le monde », dans Jacques GRAND'MAISON, Lise BARONI et Jean-Marc GAUTHIER, dir., *Le défi des générations. Enjeux sociaux et religieux du Québec d'aujourd'hui*, Montréal, Fides (coll. « Cahiers d'études pastorales », 15), 1995, p. 187-216.

KERR, Fergus, *La théologie après Wittgenstein. Une introduction à la lecture de Wittgenstein*, Paris, Les Éditions du Cerf (coll. « Cogitatio Fidei », 162), 1991, 271 p.

LE GENDRE, Olivier, *Les masques de Dieu*, Sainte-Foy, Anne Sigier, 1995, 216 p.

LEMIEUX, Raymond, et Jean-Paul MONTMINY, *Le catholicisme québécois*, Québec, Éditions de l'IQRC, 2000, 141 p.

MOSER, Félix, *Les croyants non pratiquants*, Genève, Labor et Fides (coll. « Pratiques », 12), 1999 (2e édition), 354 p.

PANIKKAR, Raimundo, « Témoignage et dialogue » dans Enrico CASTELLI, éd., *Le témoignage*, Paris, Aubier Montaigne, 1972, p. 365-388.

PAUL VI, *L'évangélisation dans le monde moderne. Exhortation apostolique Evangelii Nuntiandi*, Montréal, Éditions Paulines, 1988 (©1975), 93 p.

PIROTTE, Jean (dir.), *Résistances à l'évangélisation. Interprétations historiques et enjeux théologiques*, Paris, Karthala, 2004, 298 p.

ROY, Louis, *Le sentiment de transcendance : expérience de Dieu?*, Paris, Les Éditions du Cerf, 2000, 145 p.

TREMBLAY, Sophie, « Le dialogue pastoral revisité », dans Philippe BACQ et C. THÉOBALD, *Une nouvelle chance pour l'Évangile. Vers une pastorale d'engendrement*, Paris/Bruxelles/Montréal, Éditions de l'Atelier/Lumen Vitae/Novalis, 2004, p. 125-136.

TREMBLAY, Sophie, « Les dimensions collectives d'une demande individualisée. L'exemple du baptême des enfants », dans *Rites et ritualités*, Paris, Les Éditions du Cerf, 1999, p. 67-82.

TREMBLAY, Sophie, « Mener un dialogue pastoral », dans Gilles ROUTHIER et Marcel VIAU, dir., *Précis de théologie pratique*, Bruxelles, Lumen Vitae, 2004, p. 321-333.

TREMBLAY, Sophie, *La pastorale du baptême au Québec. Un modèle remis en question*, Ottawa, Novalis, 2000, 249 p.

VERNETTE, Jean, et Alain MARCHADOUR, *Guide de l'animateur chrétien*, Limoges, Droguet-Ardant, 1983, 551 p.

VIAU, Marcel, *La nouvelle théologie pratique*, Montréal/Paris, Éditions Paulines/Les Éditions du Cerf, 1993, 298 p.

WITTGENSTEIN, Ludwig, *Tractatus logico-philosophicus*, (suivi de) *Investigations philosophiques*, Paris, Gallimard, 1961, 365 p.

# Table des matières